Alwin Oppel

Wirtschaftsgeografie der Vereinigten Staaten von Amerika

Verlag
der
Wissenschaften

Alwin Oppel

Wirtschaftsgeografie der Vereinigten Staaten von Amerika

ISBN/EAN: 9783957008336

Auflage: 1

Erscheinungsjahr: 2016

Erscheinungsort: Norderstedt, Deutschland

Hergestellt in Europa, USA, Kanada, Australien, Japan
Verlag der Wissenschaften in Hansebooks GmbH, Norderstedt

Wirtschaftsgeographie

der Vereinigten Staaten von Nordamerika

von

Professor Dr. A. Oppel
in Bremen.

Mit 11 graphischen Darstellungen.

Halle a. S.
Gebauer-Schwetschke Druckerei und Verlag m. b. H.
1907.

Inhaltsverzeichnis am Schluß des Werkes.

Vorbemerkung.

Die Aufgabe, eine Wirtschaftsgeographie der Vereinigten Staaten von Nordamerika zu verfassen, ist ebenso anziehend und lohnend wie schwierig. Lohnend ist sie, weil der wirtschaftliche Aufschwung der Union so gewaltig und außerordentlich ist, daß man diesen Staat geradezu als das wirtschaftliche Wunderland bezeichnen muß, hat er sich in dem kurzen Zeitraume von wenig mehr als hundert Jahren aus kleinen Anfängen zu den größten Leistungen emporgearbeitet und jedenfalls unter den politischen Gebilden seiner Art und seiner Größe längst die erste, mächtigste und einflußreichste Stellungen errungen. Die Frische und Kühnheit, womit sich die vorherrschend germanische Bevölkerung das Riesengebiet wirtschaftlich untertan gemacht und nach allen Richtungen entwickelt hat, finden ihresgleichen nicht in der Geschichte. Das Geschick und die Klugheit, die Findigkeit und die Unerschrockenheit, womit die besonderen Formen und Hülfsmittel für Ausbeutung der Naturschätze wie für deren Verarbeitung und Ortsbewegung ausgebildet worden sind, reihen sich den hervorragendsten Eigenschaften aller Völker und Zeiten an. Erfreulich ist auch die Beobachtung, daß sowohl die Zentralregierung in Washington als auch die Verwaltungen der Einzelstaaten vorzugsweise auf wirtschaftlicher Grundlage organisiert und von Anfang an erfolgreich bemüht gewesen sind, die jeweilig erzielten Fortschritte auf den verschiedenen Gebieten des Erwerbslebens sei es in Übersichten sei es in eingehenden Darstellungen den beteiligten Kreisen zugänglich zu machen. Schwierig ist die Aufgabe einer Wirtschaftsgeographie der Vereinigten Staaten zunächst deshalb, weil es gilt, aus der ungeheuren Masse der Einzelheiten, die in den staatlichen Veröffent-

lichungen und in der privaten Literatur aufgespeichert sind und
jedes Jahr mehr anschwellen, das Wesentliche und Wichtige
herauszusuchen und in den Vordergrund zu setzen, ohne dabei
die Einzelheiten durch den Blick auf die Gesamtheit ganz zu
unterdrücken oder ihnen ihren Reiz zu nehmen. Ferner kommt
es darauf an, die Besonderheit der wirtschaftlichen Arbeit, wie
sie jenseits des atlantischen Ozeans gehandhabt wird, in ihren
Wesenheitszügen aufzufassen und sie in ein richtiges Verhältnis
zu den entsprechenden Tätigkeiten der Alten Welt, besonders
Europas, zu setzen. Der Maßstab dafür kann nur dann gefunden und aufrecht erhalten werden, wenn man sich die wesentliche Verschiedenheit beider Gebiete hinsichtlich der natürlichen
und geschichtlichen Grundbedingungen stets gegenwärtig hält.

Zwei Dinge sind es namentlich, die man niemals aus den
Augen verlieren darf. Einmal, daß die Vorgänge, welche sich
in der Neuen Welt abspielen, also vornehmlich die Besiedelung
und die erste Inanspruchnahme der Bodenschätze, in der Alten
Welt längst fertig sind und sozusagen geschichtlicher Tiefe
liegen, demnach einst mit unvollkommenen Methoden und mit primi-
tiven Werkzeugen vorgenommen wurden, während sie hier mit
den ungemein verbesserten und vermehrten Hülfsmitteln der Neu-
zeit ausgeführt werden können. Wozu Europa einst Jahrhunderte
brauchte, dazu genügen hier Jahrzehnte oder noch kürzere Zeit-
räume, und darum können sich auch die Ergebnisse der wirtschaftlichen Arbeit rascher aufsummieren und sich gegenseitig
wirksamer unterstützen.

Sodann darf man nicht vergessen, daß die Vereinigten
Staaten jeden der Europäischen Staaten an Größe, alle fortge-
schritteneren unter ihnen aber an Bevölkerungszahl übertreffen,
daher im Hinblick auf altweltliche Verhältnisse gewissermaßen
nicht als ein Einzelland, sondern als ein Erdteil angesehen werden
müssen. Es kann nicht ausbleiben, daß ein schiefes Bild entsteht,
wenn man die Union mit irgend einem europäischen Einzelstaat
auf eine Stufe stellt und danach die beiderseitige wirtschaftliche
Leistung beurteilen wollte, wie es leider gerade von den Amerikanern oft geschieht. Denn, ohne Alaska, ist die Union fünf-
zehnmal größer als das Deutsche Reich oder Frankreich, oder
fünfundzwanzigmal größer als das vereinigte Königreich Großbritannien und Irland, mit Alaska dagegen kommt sie Europa an
Ausdehnung fast gleich. Wenn auch ihre Bevölkerung hinter derjenigen dieses Erdteils etwa um das Fünffache zurücksteht, so
wird dieser Nachteil doch durch verschiedene Vorzüge reichlich
aufgewogen und ausgeglichen. In erster Linie ist zu beachten,

daß die Einwohnerschaft der Union, wenn man von der Mehrheit der Neger und der Indianer absieht, eine hervorragend erwerbstätige ist und mit verschwindenden Ausnahmen danach strebt, unter Aufbietung aller körperlichen und geistigen Kräfte ihre Einnahmen und damit den Gesamtwohlstand des Staates zu erhöhen. Von der europäischen Bevölkerung kann nur ein geringer Teil, kaum ein Viertel mit jener auf gleiche Stufe gestellt werden. Die übrigen leben in einfachen, ja dürftigen Verhältnissen. Man denke beispielsweise an Ost- und Südeuropa. Dazu kommt, daß die Amerikaner auf einer viel gleichmäßigeren Stufe der Allgemeinentwicklung wie der wirtschaftlichen Arbeit stehen als die Europäer und daß diese Stufe, wenigstens was die Erwerbstätigkeit anbelangt, eine sehr hohe ist. Ihre ohnehin das durchschnittliche Maß überschreitende Energie aber wird dadurch ins Unberechenbare gesteigert, daß sie in allen Wirtschaftszweigen mit Maschinen arbeitet und daß diese von höchster Leistungsfähigkeit und sehr beträchtlicher Mannigfaltigkeit sind.

Eine weitere Schwierigkeit bei der Darstellung und gerechten Beurteilung der amerikanischen Wirtschaft liegt in dem Umstande, daß sie sich nicht nur in ihren Einzelteilen, sondern auch in manchen Hauptzügen rasch und gründlich ändert, mitunter sogar in das Gegenteil umschlägt. Fünf Jahre, die für viele Teile Europas wenig oder nichts bedeuten und in der Regel nur geringe Abweichungen von dem herkömmlichen Mittelmaß bringen, können dort eine völlige Umgestaltung der Sachlage hervorrufen und den Beschauer vor ganz neue Erscheinungen stellen. Nirgends ist ein aus früheren Jahrzehnten abgeleiteter Durchschnitt weniger zutreffend als in der Union. Eine Darstellung ihrer Wirtschaft muß sich daher, wenn sie ihren Zweck erfüllen soll, stets auf die neueste Entwicklungsphase beziehen, ja sie muß vielfach vorahnend sein, wenn sie auch andrerseits auf Rückblicke in die Vergangenheit nicht verzichten darf, sei es, um den Maßstab für die Beurteilung der Fortschritte zu gewinnen, sei es, um überhaupt zu zeigen, wie rasch und gewaltig dieser erfolgt ist.

Wie jede Wirtschaftsgeographie, hat auch die der Vereinigten Staaten von vornherein zwischen den Grundlagen und den Leistungen zu unterscheiden. Zu den Grundlagen gehören die Landesnatur oder die geographischen Grundzüge, die zeitliche Inanspruchnahme des Gebiets durch den Menschen oder die Besiedelung, der allgemeine Zustand der Bevölkerung, die Art und der bewußte Zweck ihrer wirtschaftlichen Arbeit. Die auf diesen Grundlagen gewonnenen Leistungen betrachten wir nach ihrer örtlichen Gruppierung, nach dem gegenseitigen Verhältnis der

wirtschaftlichen Hauptzweige und ihrer räumlichen Anord
nach Menge und Güte der wichtigeren Einzelerzeugnisse,
den angewendeten Hilfsmitteln sowie nach der besonderen
staltung der einzelnen Haupttätigkeiten. In erster Linie
dabei immer der Blick auf den Gesamtstaat und seine natürl
Unterabteilungen. Doch lassen wir den Süden oder richtige
Südosten etwas zurücktreten, da dieser in einem anderen
dieser Sammlung bereits eingehender behandelt worden ist.

Die Landesnatur der Vereinigten Staaten in ihren Grundzügen.

Für die erfolgreiche Entfaltung wirtschaftlicher Tätigkeiten aller Art sind die Vereinigten Staaten von der Natur im Allgemeinen in ausgezeichneter, teilweise in unübertrefflicher Weise ausgestattet worden, doch fehlt es auch nicht an schweren Mängeln, die es verhindern, daß man ernstlich von einem „Lande der unbegrenzten Möglichkeiten" sprechen kann, ganz abgesehen davon, daß es solche in der Welt der Unvollkommenheiten überhaupt nicht gibt; denn überall auf Erden bestehen Grenzen und Einschränkungen.

Vermöge seiner Weltlage ist der Staat, wie der Erdteil, zu dem er gehört, zwischen die beiden größten Ozeane: den pazifischen und den atlantischen, eingeschaltet und genießt somit den Vorzug, die Seeschiffahrt in der denkbar ausgedehntesten und bequemsten Weise ausüben zu können. Die Außenseiten dieser Ozeane enthalten die hervorragendsten und höchstentwickeltsten Kultur- und Wirtschaftsmächte der Gegenwart und Vergangenheit, fast gleichweit von den ihnen gegenüberliegenden Küsten der Union entfernt. An der Westseite des Stillen Ozeans liegt das uralte Reich von China mit seiner ungeheuren Bevölkerung und quer davor das neuerdings so mächtig aufstrebende, die östliche mit der westlichen Kultur vereinigende Japan. An der Ostseite des atlantischen Ozeans drängen sich an der Nordsee die bedeutendsten Kultur- und Wirtschaftsträger der Gegenwart zusammen, während an den Ufern des Mittelländischen Meeres die alten Sitze einer höheren Entwicklung dicht an einander gereiht sind. Shanghai ist von San Francisco genau soweit entfernt wie Alexandrien oder Smyrna von New York City. Für die Ausübung der Hochseeschiffahrt ist aber der Umstand von hervorragender Wichtigkeit, daß das Land nach beiden Ozeanen zu geschlossen auftritt; abgesehen von den in der allgemeinen Küstenrichtung liegenden Halbinseln und Inseln besitzt es keine abgesonderten Glieder. Hohe Landflächen und tiefe Meere treten sehr nahe an einander und heben sich scharf von einander ab; fast überall reicht Tiefsee bis in unmittelbare Nähe der Küste. Die Breitenlage des Staates, der sich abgesehen von Alaska im Mittel durch 20 Parallelgrade erstreckt, ist derart, daß, wenn man die höheren Gebirgsteile beiseite läßt, überall wirtschaftliche Tätigkeiten ausgeübt werden und vermöge des Klimas die Menschen fast überall ihre volle geistige und körperliche Arbeitskraft entfalten können. Denn nach Süden reicht er noch nicht bis in die Tropen hinein, die bekanntlich die menschliche Energie beträchtlich herabsetzen und einschränken, nach Norden zu endet er in dem Teile der gemäßigten Zone, der noch ausreichende Wärme besitzt, um bei geeigneten Bodenverhältnissen den lohnenden Anbau der wichtigeren Nutzgewächse zu gestatten und der Besiedelung keine ernstlichen Schwierigkeiten zu bereiten. Während an dieser Seite in voller Breite eine ausgedehnte Landmasse angesetzt ist, die dem Binnenverkehr zu Lande und zu Wasser jeglichen Vorschub leistet, weist der Süden neben einem beträchtlichen Landzusammenhang eine gleich große Wasserfläche auf, die den Staat von da aus zugänglich macht und für die Verbindung der Hochseeschiffahrt mit dem Binnenverkehr zu Wasser gute Gelegenheit darbietet. Das Vorhandensein von Land- und Wassergrenzen, die sich an Ausdehnung ungefähr die Wage halten, ist im Verein mit der ungefähr viereckigen Gestaltung des Landes selbst der Ausgestaltung der verschiedenartigsten Formen und Stärkegrade des Verkehrs ungemein günstig.

Hinsichtlich der Verkehrslage erinnert die Union einigermaßen an Frankreich, ist aber besser gestellt als das Deutsche Reich, ja selbst als Großbritannien, das ausschließlich auf Hochseeverkehr angewiesen ist und solange nicht emporkommen konnte, als dieser nach seiner allgemeinen Gestaltung noch keine ausschlaggebende Rolle spielen konnte. Bezüglich der geographischen Lage kann unter den staatlichen Gebilden ähnlicher Größe nur China mit den Vereinigten Staaten verglichen werden. Auch China verbreitet sich der Hauptsache nach über den wärmeren Teil der gemäßigten Zone; wohl reicht es mit seinem äußersten Süden noch etwas in die Tropen hinein, dagegen ist es von dem nördlichen Polarkreis fast gerade soweit entfernt wie die Union. Auch der klimatische Charakter weist mancherlei gegenseitige Beziehungen auf. Dagegen ist bei China das Verhältnis zum Weltmeere wesentlich ungünstiger als bei der Union, denn nur im Osten und Süden wird es vom Ozeane bespült, im Norden und Westen dagegen von riesigen Landmassen umgeben, im Westen durch ungeheure Wüsten und himmelhohe Gebirge abgeschlossen, welche die wesentliche Ursache für die Tatsache bilden, daß das uralte Kulturreich Jahrtausende hindurch von den nach ähnlichen Zielen strebenden Völkern des Westens abgeschnitten und im wesentlichen auf sich selbst angewiesen blieb. Übrigens würde die Westbegrenzung der Union derjenigen Chinas ähnlich geworden sein, wie sie es tatsächlich bis in die vierziger Jahre des vorigen Jahrhunderts war, wenn nicht die große Schwelle der Gebirge und Wüsten des Westens überschritten worden wäre.

Wenn somit hinsichtlich der geographischen Lage die Union auf der Erde ohne gleichen dasteht, so ist sie in der Küstengestaltung im allgemeinen nicht so gut ausgestattet. Verhältnismässig am wenigsten kommt die Westküste wirtschaftlichen Zwecken entgegen. Denn sie ist im Ganzen durch ein der Küste entlang laufendes Gebirge verkehrsfeindlich und öffnet sich auf ihrer ganzen Erstreckung, rund 1900 km im Luftmaß, nur zweimal in großem Maße und auch auf den Karten leicht erkennbar: etwa in der Mitte am Goldenen Tore bei San Francisco und im Norden mittels der Juan de Fucastraße durch den inselreichen Fjord des Puget Sundes im Staate Washington. Weniger brauchbar für Schiffahrt ist der Mündungstrichter des Columbiaflußes, noch weniger entgegenkommend erweisen sich einige kleinere Haffe wie Humboldsbay, Coosbay und Grays Harbor. Der südliche Teil der Westküste bricht meist ganz steil in die Meerestiefe ab.

Im Osten, an der atlantischen Küste, besteht ein wesentlicher Unterschied zwischen dem nördlichen und dem südlichen Abschnitte; der erstere enthält vorzügliche Verkehrsbedingungen, letzterer ist weniger bevorzugt. Der nördliche Abschnitt, von der an Fjorden und trefflichen Naturhäfen reichen Bucht von Maine bis Kap Cod reichend, weist zunächst zahlreiche, meist bergige Inseln verschiedener Größe (Mount Desert!) auf und erinnert vielfach an die schwedische Fjordküste. Von Kap Cod bis Kap Hatteras herrscht Flachküste mit ausgedehnten Dünen, gelegentlichen Lagunen und Salzmorästen hinter den bis 30 m hohen Dünen, die durch die Wirkung der Flut, vielleicht auch durch stellenweise Senkung des Festlandes vielfach durchbrochen sind. Unter den Inseln dieser Strecke, die meist mit den Trümmern alter Endmoränen aus der Eiszeit bedeckt sind, mögen Long Island und Staten Island mit der nach New York City führenden Seestrasse der Narrows genannt sein. Hier wie anderwärts haben sich breite Sunde und Buchten geöffnet, die der Schiffahrt bequemen Durchgang geben. Auch die betreffende Hinter- und Binnenküste ist gelegentlich durch fjordartige Buchten wie

Nantucket Sund, Long Island Sund und die New York Bai aufgeschlossen. Südlich davon hängt die Dünenküste enger zusammen und sie öffnet sich nur noch an der limanartigen Delawarebucht und an der viel verzweigten Chesapeakebucht. Noch fester wird der Zusammenhalt der Dünen zwischen den Kaps Hatteras und Romain (33° n. Br.). Hier liegen hinter den Dünen große Haffe mit ausgesüßtem Wasser, wie der Albemarle- und der Pamplicosund, die mit dem Ozean durch schmale Öffnungen, „Inlets", in Verbindung stehen. Durch Sturmfluten aufgerissen, schließen sie sich in ruhigen Zeiten meist wieder; nur einige wenige blieben dauernd bestehen und haben eine gewisse Bedeutung für die Schiffahrt.

Von Kap Romain an bis zur Mündung des St. John River in Florida ist die Küste gänzlich zerstört und durch ein chaotisches Gewirr von schleichenden Flußläufen, stehenden halbsalzigen Gewässern, sumpfigen Niederungen, niedrigen Sandhügeln und Sandrücken bezeichnet; hier befinden sich die wegen ihres Baumwollbaues viel genannten Sea Islands, landeinwärts im Meere begrabene Wälder von Kiefern, Eichen und Zypressen. Südlich von der Mündung des St. Johns beginnt wieder eine zusammenhängende Dünenküste. In die dahinter liegenden seichten Lagunen mit meist süßem Wasser führen schmale Öffnungen von geringer Tiefe, die sich für Schiffsverkehr wenig eignen. Besser steht es damit in der Biscayne und Floridabai, wo sich die Reihe der Keys (Cayos) Inselchen hinzieht.

Zum Golf von Mexiko führt zwischen Kap Sable und der Hicacosspitze von Kuba die 195 km breite und bis 2000 m tiefe Floridastraße. Der Golf, 1 560 000 qkm groß und in der Mitte bis 4000 m tief, ist für die Union von hervorragender Wichtigkeit als Wärmespeicher — er ist an der Oberfläche selbst im Februar bis 23° warm —, als Hauptspender atmosphärischer Feuchtigkeit und als Ursprungsgebiet des bedeutungsvollen Golfstroms. An den Küsten ist er sehr flach und meist von Dünen flankiert. Diese sind an der Westküste von Florida sehr stark zerstört und durch tief ins Land eingreifende Buchten wie Charlotte Harbour und Tampabai ersetzt. Westwärts von der Appalachabucht dagegen bis zur Mündung des Mississippi finden sich zahlreiche Haffe und westlich dieser wieder stark geschlossene Dünenreihen mit gelegentlichen Öffnungen (Pässen). Die Dünen sind bis 20 cm hoch, die Gezeiten geringfügig, aber gelegentlich treten Sturmfluten auf und richten furchtbare Zerstörungen an. An der Golfküste abseits von Florida besteht kein einziger, für die heutige Schiffahrt völlig ausreichender Naturhafen. Daher mußte die Technik bei den wichtigeren Verkehrsplätzen eingreifen, um' die nötige Wassertiefe und ausreichende Sicherheit zu schaffen. Die O b e r f l ä c h e n g l i e d e r u n g der Vereinigten Staaten ist in ihren Grundzügen sehr einfach und für wirtschaftliche Zwecke ungemein günstig gestaltet. An jeder Küstenseite läuft ein Gebirge hin. Das westliche, zugleich das höhere und breitere, von Süden nach Norden streichend, ist ein Teil des großen meridionalen Gebirges, der unter dem Namen der Kordilleren den ganzen amerikanischen Kontinent durchzieht; es erfüllt das ganze westliche Drittel des Staatskörpers und hält sich in seinem Verlaufe streng an die pazifische Küste. Das östliche Gebirge, wesentlich niedriger und weniger breit als das westliche, erstreckt sich von Südwest nach Nordost und liegt mit Ausnahme des äußersten Nordens, der zum kanadischen Bunde gehört, ganz in der Union. Mit seinen nördlichen Teilen tritt es auch an den atlantischen Ozean heran, während es sich nach Südwest immer weiter von diesem entfernt und stumpf endet, ohne den mexikanischen Golf zu erreichen. Daher beginnt das Tiefland bereits an der atlantischen Küste bei New York, bewegt sich dann, etwas verbreitert, um das Südende des Ostgebirges herum und schiebt sich in die breite Fläche ein, welche dieses von dem hohen Westgebirge trennt, darin nordwärts bis zur Grenze des Staates reichend. Dieser zerfällt somit, nach E. Deckert, ohne Alaska in eine Appalachische und eine Kordillerische Hälfte, eine Teilung, die auch im g e o l o g i s c h e n B a u vorgezeichnet ist, denn bis zur Kreidezeit waren beide Hälften durch ein Meer von · einander getrennt. Der Osten besteht in seinem Kern aus uralten (archaischen) Gesteinen, an die sich nach Westen hin Ablagerungen höheren Alters (palaeozoische) angeschlossen haben, während am Ostfuße des Westgebirges Tertiär auftritt. Westlich davon herrschen mesozoische und vulkanische Gesteine vor. Die Grenze zwischen beiden geologischen Hälften bietet eine fast regelmäßige Linie, die von dem Golf von Mexiko bei Corpus Christi in Texas bis zum Red River an der kanadischen Grenze reicht und, wie sich später zeigen wird, zugleich die wichtigste klimatische Scheide bildet.

Die beiden Gebirge an der pazifischen und atlantischen Seite des Landes wirken nicht nur als kräftige Verdichter der atmosphärischen Feuchtigkeit und als Quellensammler, sondern auch als Wasserscheiden. Von den beiden einander abgewendeten Außenseiten gehen die kürzeren Flüsse unmittelbar in die Ozeane, die längeren wenden sich der großen Binnenfläche zu und vereinigen sich meist zu dem großen Systeme des Missouri-Mississippi. Das gewaltige System von Binnenseen, das durch den mächtigen

5

Lorenzstrom nach Osten hin entwässert wird, liegt an der Nord-ostgrenze des Staates. Bezüglich der Brauchbarkeit für die Schiffahrt besteht ein wesentlicher Unterschied zwischen den Wasserläufen des Westens und des Ostens. Die westlichen zeigen sich als Wildströme mit sehr starkem Wechsel des Wasserstandes, steilem Gefälle und bedeutender Ausnagekraft, sind daher für den Verkehr wenig brauchbar. Bei den östlichen Flüssen dagegen ist der Wasserstand gleichmäßiger, das Gefälle schwächer, die Ausnagekraft geringer, der Kulturwert höher. Die Eigenart der Oberflächengliederung hat zur Folge, daß die Union im Mississippi den längsten Fluß der Erde besitzt, wenn man den Missouri als seinen Hauptquellarm ansieht. Das ganze System dieses 6970 km langen Stromes liegt bis auf einige wenige und unbedeutende Zuflüsse, die das benachbarte Kanada zusteuert, ganz im Staatsgebiete der Vereinigten Staaten, ein Vorteil von unberechenbarer politischer und wirtschaftlicher Wichtigkeit. Über das Stromgebiet und die mittlere Wasserführung des Mississippi und seiner wichtigsten Zuflüsse gibt die nachstehende kleine Tabelle Auskunft.

	Stromgebiet qkm	Wasserführung cbm in der Sekunde
Mississippi-Missouri	3 275 000	18 800 (an der Mündung).
Missouri	1 420 000	2 600
Oberer Mississippi	450 000	3 350
Ohio	520 000	5 800
Arkansas	480 000	1 360
Red River	240 000	1 400

Für das Verständnis der wirtschaftlichen Vorbedingungen, die aus der Oberflächengliederung und der Bewässerung entspringen, ist eine nähere Betrachtung dieser Verhältnisse erforderlich, die sich an die Hauptteilung in die Appalachische und die Kordillerische Hälfte anschließt.

Die Appalachische Hälfte hat ihren Hauptkern in dem Gebirge der Alleghanies, das mit seinen Vorhöhen und Angliederungen einen Raum von etwa 3 Mill. qkm bedeckt und von etwa 60 Mill. Menschen bewohnt, die Hauptstärke des Staates ausmacht. Durch eine Senke entlang den Flüssen Hudson und Mohawk, welche durch den Eriekanal wie durch zahlreiche Bahnen bezeichnet wird und somit für den Verkehr von hervorragender Bedeutung ist, wird das Gebirge der Alleghanies in einen nördlichen und einen südlichen Teil zerlegt, der letztere wiederum durch ein von mehreren Flüssen benutztes Längstal, das von Newburgh am Hudson bis nach Montgomery in Alabama reicht und in seinem südlichen Abschnitte als Great Valley bezeichnet wird, in einen östlichen und einen westlichen Abschnitt zerlegt. An der Ostseite des südlichen Hauptteils befindet sich die Piedmontregion.

Der östliche Abschnitt des appalachischen Gebirgssystems oder die Alleghanies im engeren Sinne bedecken mit ihren verschiedenen Verzweigungen, deren Namen uns hier nicht interessieren, einen Raum von 250 000 qkm, gipfeln in dem Black Dome oder Mt-Mitchell (2048 m) und bestehen fast ausschließlich aus uralten Gesteinen wie Gneis, Glimmerschiefer, Hornblende, Granit usw., die durch die Wirkungen der atmosphärischen Kräfte und des fließenden Wassers stark zerstört und ausgeebnet sind. Daher sind steile Abstüze und anstehende Felsen selten anzutreffen, die Gewässer haben meist gleichmäßiges Gefälle; kleine Stromschnellen kommen häufiger vor, Wasserfälle dagegen nur in der Nähe der wasserscheidenden Kämme. Diese sind kräftig ausgebildet, aber ohne deutlich hervortretende Gipfel. Abhänge, Kämme und Gipfel bestehen an ihren Oberflächen meist aus Verwitterungsboden (eisenschüssigem Ton), nur bei den Gipfeln ist er häufiger mit Blöcken und Felstafeln durchmengt und unterbrochen; an den Wetterseiten fehlt er wegen der starken Auswaschung. Im allgemeinen ist oder war das Gebirge mit seinen Anhöhen und Tälern ausgezeichnet bewachsen; an den ersteren herrscht die Balsamfichte vor, in den letzteren dichter Wuchs von Rhododendron und Kalmiensträuchern. Bodenschätze wie Magnet- und Roteisenstein, etwas Golderz, Zinkerz, Manganerz, Halbedelstein, Marienglas und Bauxit sind vorhanden, aber nicht von großer Bedeutung. Für den Verkehr bietet das Gebirge große Schwierigkeiten, daher wird es in seinem höheren Teile nur von einer einzigen Bahn überschritten.

Der westliche Abschnitt oder das Cumberlandgebirge setzt sich aus zahlreichen parallelen Faltungen zusammen, die an der Grenze der Alleghanies hoch und steil aufragen, in der Richtung nach NW aber flacher und breiter werden und große Höhlen umschließen. Das Gebirge besteht durchweg aus abgelagerten Gesteinen verschiedenen Alters wie Schiefer, Kalk und Sandstein und umfaßt ein ungeheures Kohlenfeld, das größte und ergiebigste der Erde, längs seiner ganzen Westflanke von Pennsylvanien bis nach Alabama hinziehend. Außerdem enthält es die berühmten Petroleum- und Naturgasquellen, ziemlich viel Eisenerz und etwas Marmor. Für den Verkehr bietet es beträchtliche Hindernisse, die aber sämtlich überwunden werden konnten.

7

Die Piedmontregion, dem Ostfuß der Alleghanies angegliedert, bis über 700 m hoch und durchschnittlich 150 km breit, im Nordost schmaler und niedriger als im Südwest, endet nach Osten hin mit einem bis 150 m hohen, scharfen Absatz, so daß alle nach der atlantischen Küste gerichteten Flüsse an ihm kräftige Wasserfälle bilden, die wertvolle Betriebskräfte für die Industrie darbieten. Schon jetzt wird die Abbruchstelle des Piedmont durch eine Reihe aufstrebender Industrieplätze bezeichnet. Zwischen den Gewässern erheben sich Hügelrücken oder „Uplands", wichtig für den Baumwollbau.

Der nördliche Teil des appalachischen Systems, etwa 300 000 qkm Bodenfläche bedeckend, hat mit dem südlichen das Vorherrschen der Urgesteine, die Streichungsrichtung, die Höhe und die starke Aufrichtung der Schichten gemeinsam. Seine Besonderheit besteht zunächst darin, daß im Nordosten die Urgesteine, hart an das Meer herantretend, mit steilem Klippenrande abstürzen und vielfach zu malerischen Halbinseln und Inseln zersplittern. Außerdem schieben sich zwischen die Urgesteine bald breitere, bald schmalere Ablagerungen palaeozoischen und mesozoischen Charakters, sind aber, wie jene, meistens mit einem dicken Mantel eiszeitlichen Moränenschuttes überdeckt. Von den einzelnen Gruppen der Nordappalachen sind der gewaltige Granit- und Gneisstock der Adirondacks (1641 m) mit seinen zahlreichen Seen, ebenen Waldwiesen und tiefeingeschnittenen Schluchten, der lange Felsensattel der Green Mountains (1337 m) und die in dem M.-Washington bis 1917 m steigenden White Mountains hervorzuheben. Infolge der sehr kräftigen Wirkungen der Eiszeit gibt es ausgedehnte kahle Felsflächen (barrens), mächtige Lager von Moränenschutt, langgestreckte Wälle, gerundete Hügel, umfangreiche Sandebenen, zahllose Findlinge der verschiedensten Größe (bis 20 000 Zentner schwer!), mit denen der Boden vielfach wie gepflastert erscheint, außerdem Tausende von Seen und Teichen sowie viele Wasserfälle. Anbaufähiger Boden von lohnender Ertragskraft findet sich daher nur in den breiteren Flußtälern. Wald ist viel vorhanden, häufig noch in ursprünglichem Zustande. Von nutzbaren Mineralien sind Bausteine (Granit, Sandstein, Blaustein) am wichtigsten, außerdem gibt es Marmor, Eisenerze und Graphit. Für den Verkehr haben gewisse Flüsse wie Hudson, Mohawk, Champlain und Connecticut natürliche Bahnen vorgezeichnet, sodaß Schiffe oder Bahnen je nach der zu lösenden Aufgabe angewendet werden können.

Die Umgebungen des appalachischen Gebirgssystems sind zwar im allgemeinen flach, aber es tritt doch zwischen dem Südosten und dem Nordwesten ein deutlicher

Unterschied hervor. Während nämlich im Nordwesten und Westen bis zu den großen Seen das Hügel- -und Tafelland vorherrscht, schließt sich im Südosten und Süden ein ausgesprochenes Tiefland an.

Das Tiefland des Südostens und Südens zieht sich als ein ungleich breiter, von 50 bis 400 km wachsender Streifen von den Staaten New York und New Jersey längs der Küste des atlantischen Ozeans und des Golfes bis an den Rio Grande del Norte. Während er aber in geologischer Beziehung durchweg aus jungen und jüngsten Gebilden besteht, gliedert er sich, meist nach den Entwässerungsverhältnissen, in fünf Abschnitte. Diese sind die atlantische Niederung, die Halbinsel Florida, die östliche Golfniederung, die Mississippiniederung und die westliche Golfniederung.

Die atlantische Niederung, etwa 350 000 qkm groß und zwischen den Ostrand der Piedmontregion s. S. 8 und die atlantische Küste s. S. 3 eingeschaltet, verbreitet sich vom untern Hudson bis an die Wurzel von Florida von 50 auf 300 km. Sie fällt zwar zum Meere überall sehr sanft ab, weist aber im Innern einen bemerkenswerten Wechsel von Sand- und Mergelrücken bis 100 m Höhe und tiefliegenden Tälern und ausgedehnten Sümpfen auf. In der Nähe des Piedmontabbruches ist der Boden hügelig und sandig (reiner, weißer Quarzsand, roter oder orangefarbener Sand, zuweilen tertiärer Mergel). Da in diesem Gebiete die langnadelige Terpentinkiefer vorherrschte, so bezeichnete man es als den oberen Kiefergürtel, (upper pine belt). Die Landmassen verstärken sich alljährlich durch die Zufuhr der Flüsse aus dem Gebirge. In der Nähe der Küste ist der Boden eben und sandig, am Meeresrande mit Dünen bis 10 m Höhe versehen und meist mit Kiefern bestanden; daher ist die Niederung hier unter dem Namen „der untere Kiefergürtel" (lower pine belt oder pine flats) bekannt. Daneben gibt es ausgedehnte hochgelegene Waldsümpfe (swamps) mit herrlichem Wuchse von Bäumen und Sträuchern sowie mit einem dichten Gewirre von Schling- und Kletterpflanzen, die den Verkehr ungemein erschweren. Zu den größeren dieser Waldsümpfe gehören der Alligator- oder Albemarle (7500 qkm), der Okifinokee (2500 qkm), der Dismal (1300 qkm) und der Green Swamp (650 qkm). Sie liegen höher als das umgebende Land und umschließen in ihrem Inneren umfangreiche Seen. Außer diesen Hochsümpfen, die durch Abzugsgräben leicht zu fruchtbarem Lande gemacht werden könnten, gibt es längs der Flüsse zahlreiche Niederungssümpfe, deren Entwässerung sich wesentlich schwieriger gestalten würde. Wichtig sind die Phosphatlager des unteren Kieferngürtels, namentlich am Ashley und

Cooper river. Die aus der Piedmontregion kommenden Flüsse, die parallel zu einander angeordnet sind, haben ihre Täler und Betten nur schwach in die Niederung eingegraben und führen bei Hochwasser große Massen Treibholz mit sich; dadurch verstopfen sie sich und erschweren den Schiffsverkehr. An den Unterläufen dagegen sind sie durch seitliche Durchbrüche vielfach derart mit einander verbunden, daß kleine Fahrzeuge von einer Flußmündung in die andere gelangen können, ohne die See berühren zu müssen. Die zwischen die Mündungsarme eingeschalteten Inseln, die sog. Sea Islands, bestehen teils aus Dünensand, teils aus reichem Marschboden und eignen sich zum Anbau der langstapeligen Baumwolle.

Die Halbinsel Florida, durchgängig Flachland in der Backboneridge bei Gainesville nur bis 75 m hoch, enthält ausschließlich junge und jüngste Schichten, darunter Flugsandstrecken teilweise neuesten Ursprungs. Die geradlinig verlaufende Ostküste ist mit langen Nehrungen, schmalen und seichten Buchten, flußartigen Lagunen, parallelen Sandrücken und Sumpftälern versehen. Während hier das Meer zurückweicht und das Ansetzen von Neuland begünstigt, dringt es gegen die Westküste zerstörend vor und löst sie mehr und mehr zu Halbinseln auf. Das Innere Floridas ist sehr wasserreich; es finden sich Seen verschiedener Größe, darunter der 2600 qkm bedeckende Okeechobee, ferner weite, mit scharfen Gräsern bewachsene Sümpfe (everglades) und tiefe Quellen. An die Südspitze der Halbinsel schließt sich der 320 km lange Bogen der aus Kalk und Korallenfels bestehende Keys. Das Hauptteiland der Key Westgruppe besitzt einen wohlgeschützten Naturhafen. An der Westseite befindet sich eine für kleinere Fahrzeuge brauchbare Durchfahrt durch das bei den Tortugas endende Riff.

Die östliche Golfniederung, bis 400 km breit, dacht sich vom Südfuße der Alleghanies im allgemeinen zum Golfufer ab, erleidet aber dabei eine Unterbrechung durch den sogenannten Schwarzen Gürtel (black belt). Dies ist ein halbmondförmiges Talgebiet in den Staaten Alabama und Mississippi, an dessen südlicher Grenze der Boden wieder ein wenig ansteigt. Dieser besteht in dem Schwarzen Gürtel aus zersetztem Kalk, südlich davon aus Orangesand, längs der Flüsse auch wohl aus Löß und Schlick. Nahe der Golfküste kommen ausgedehnte Binsen- und Schilfsümpfe (cane breaks) vor. Der beste Naturhafen ist hier die Pensacolabai; die Mobilebai mußte künstlich vertieft werden, um größere Schiffe zuzulassen.

Die westliche Golfniederung, welche von der Mündung des Mississippi bis zur mexikanischen Grenze reicht und nach Nordwesten hin ziemlich rasch ansteigt, ist anfangs noch 300 km breit, in der Richtung auf den Rio Grande hin aber bedeutend schmaler. Der Boden, vorherrschend braun und humusreich, ist auf große Strecken ganz eben. In der Tiefe aber haben manche Störungen stattgefunden und einige- Bodenschätze wie Petroleum und Salz bis nahe an die Oberfläche gebracht. Wo an dieser die Kreide verwittert ist, bildet sie die sehr fruchtbare schwarze Prairie von Texas. Längs der Küste finden sich einige Inseln (Galveston) und lange Nehrungen, letztere bis 15 m hoch. Mehrere der die westliche Golfniederung durchschneidenden Flüsse sind wegen ihrer starken Hochfluten und der damit verbundenen Zerstörungen recht gefürchtet.

Die Mississippiniederung war noch in der Tertiärzeit eine bis zur Mündung des Ohio reichende Bucht des Golfes, wurde aber allmählich durch die Sinkstoffe des Stromes und seiner Nebenflüsse (jährlich im Mittel 211 Mill. cbm) aufgeschüttet. Diese Gewässer führen zahllose Treibholzstämme (snags) mit sich, bilden häufige Schlangenwindungen und sichelförmige Altwasser. Infolge der gelegentlich ungeheuren Hochfluten entstehen mannigfache Stromverlegungen, Uferdurchrisse, neue Durchgänge („Pässe"), Seitenarme (Bayous) und halbmondförmige Inseln. Manche Bayous kehren zum Hauptstrom zurück, andere suchen sich selbständige Wege zum Golf oder sie verflechten sich mit einander. Dadurch entsteht ein Labyrinth von Wasserläufen, das in beständiger Veränderung begriffen ist. Durch die Stromverlegungen wird im Laufe der Zeit wohl eine Geradlegung oder Verkürzung der Wasserläufe bewirkt, aber auch mancher gewaltige Schaden angerichtet. Anderseits kommen auch lange Niederwasserzeiten vor, in denen die Flußbetten bis zu drei Vierteln trocken liegen. Die beiden Ufer des Mississippi zeigen bis Baton Rouge in Louisiana herab eine wesentlich verschiedene Gestaltung. Während nämlich das westliche überall tief legt, den Überschwemmungen stets ausgesetzt und daher vielfach inselartig zerrissen ist, wird das Ostufer von einer zusammenhängenden Mergelwand (Bluffs) begleitet, die erst südlich von Baton Rouge verschwindet. Hier beginnt eigentlich das Delta, aber man rechnet es gewöhnlich erst von der Stelle an, wo sich der Strom in vier Mündungen oder Pässe teilt, die sich durch die mitgeführten Sinkstoffe beständig golfwärts verlängern und vor ihren jeweiligen Enden Barren bilden. Durch die sog. Eads'schen Dämme (Jetties) ist im Südpaß für die Schiffahrt eine Fahrrinne von 9 m Tiefe geschaffen. Von der Verzweigungsstelle bis zur Stadt New Orleans ist der Strom selbst 1000 m breit und 40 m tief. Der Boden der Mississippiniederung besteht aus reichstem Alluvialhumus und ist überall außerordentlich fruchtbar. Aber solange der Stromlauf nicht reguliert ist, kann diese Eigenschaft nur teilweise ausgenutzt werden. Für die Regulierung besteht ein Projekt, dessen Ausführung etwa vierzig Jahre erfordern würde. An den Westfuß des Cumberlandgebirges, s. S. 7, schließt sich ein niedriges Hügel- und Tafelland, das sich zwar allmählich nach Westen hin abdacht, aber dabei gelegentlich von höheren Erhebungen unterbrochen wird. Dazu gehören das Ozarkgebirge westlich des Mississippi, das Erzgebirge am Oberen See und die Anhöhen am Ohio bei Cincinnati. Auch ist es stark von den Wirkungen der Eiszeit betroffen und enthält großartige Stromsysteme. 1 800 000 qkm Raum bedeckend und von 25 Millionen Menschen bewohnt, ist dieses Hügel- und Tafelland das eigentliche Herz- und Kernstück des nordamerikanischen Kontinents, ungemein günstig für Kulturgewächse wie für Viehzucht, aber durch einige Insekten wie die Büffelmücke, die Brulotbremse, den Sandfloh und die Moskitos werden namentlich in den sumpfigen und wasserreichen Gegenden schlimme Landplagen herbeigeführt. Die Hauptteile dieser wichtigen Region sind das Ohiobecken, das Ozarkbergland, das obere Mississippibecken und das Gebiet der Großen Seen.

Das Ohiobecken, von flachen, selten über 400 m hohen Bodenschwellen begrenzt, besteht überall aus fast gleichmäßigen alten Schichtgesteinen (palaeozoisch), die nördlich des Flusses allerwärts die Wirkungen der Eiszeit in Gestalt mächtiger Geschiebemergelschollen, ausgedehnten Einebnungen; strichweise schöner Erdwälle und großer Blockanhäufungen aufweisen. Ganz außerordentlich sind die unterirdischen Ausnagungserscheinungen in Form zahlreicher größerer und kleinerer Höhlen; die genannteste und ausgedehnteste von ihnen ist die 200 km lange Mammuthöhle in Kentucky. Südlich des Ohio ist der Boden der Stromniederungen (Bottoms) durch Herabschwemmen von Verwitterungsschutt aus der unmittelbaren Hügelumgebung entstanden. Die Bottoms sind sehr fruchtbar, die Anhöhen dagegen vielfach wasser- und quellarm und daher für Pflanzenbau weniger geeignet, aber für Viehweide noch brauchbar. Außerordentlich ist der Reichtum des Ohiobeckens an mineralischen Schätzen. Man findet namentlich Kohle, Petroleum, Naturgas, Eisenerz und Salz. Dem Verkehre bieten sich keine sonderlichen Schwierigkeiten. Der Ohio ist zwar, wie wir früher gesehen haben, der wasserreichste unter den Zuflüssen des Mississippi (30,7 %), aber er leidet im Hinblick auf die Schiffahrt, wie auch seine Nebenflüsse, an sehr beträchtlichen Schwankungen des Wasserstandes. Immerhin spielt er eine wichtige Rolle im Verkehrs- und Volksleben der Gegenwart und Vergangenheit; er bot für die Besiedelung die Hauptstraße nach dem Westen und war lange Zeit die scharfe Scheide zwischen den negerreichen und den negerfreien Gebieten des Ostens. Das Ozarkbergland, auf der Westseite des Mississippi zwischen dem Missouri-Kansas und dem Red River des Südens gelegen, 200 000 qkm groß und bis 850 m hoch, ist in geologischer Beziehung sehr alt und von den atmosphärischen Kräften arg mitgenommen. Daher zeigt es nur selten (etwa an den Flüssen) steilere Formen, besitzt aber neben vielen Höhlen sehr zahlreiche Mineralquellen, Kohle und Roteisenstein sowie mächtige Ablagerungen von Zink und Bleierz. Sein Waldkleid ist fast überall noch erhalten, im Osten dichter als im Westen, wo es allmählich verkümmert. Der Hauptfluß der Ozarks, die noch schwach besiedelt sind, der Arkansas, bereitet dem Schiffsverkehr wegen seines außerordentlich wechselnden Wasserstandes und wegen sonstiger Unarten beträchtliche Hindernisse. Auch seine Nebenflüsse sind nicht besser und können daher wie die sonstigen Gewässer dieser Gegend regelmäßig nur für Holzflößerei benutzt werden. Das obere Mississippibecken, dessen Grenzränder teilweise bis 600 m hoch liegen, aber im allgemeinen nicht sehr deutlich ausgeprägt sind, bedeckt ein Areal etwa von dem Umfange des Deutschen Reiches. Seine Gesteinsschichten, vorherrschend palaeozoischen Alters, liegen zwar meist wagerecht, sind aber stellenweise durch die fließenden Gewässer zu seltsamen Bodenformen ausgearbeitet worden. Dazu gehören stattliche Kalksteinpalisaden (bei St. Paul), Teufelstore, Naturbrücken und Obelisken aus Sandstein (die Dalles des Wisconsinflusses), senkrechte Trappfelsenwände (am St. Croix) und isolierte Dachberge am unteren Jowa. Zahlreiche Spuren der Gletscherwirkung machen sich abseits von den Flüssen bemerklich, besonders mächtige Mäntel von Till, vereinzelte Findlinge von Hausgröße, ungeheure Scharen kleinerer Blöcke, lange Züge von Erdmoränen, riesige Mengen von Seen und Sümpfen. Driftfrei ist nur die östliche Mitte dieses Gebietes bei Lacrosse und Dubuque, aber auch arm an Seen. Im ganzen Süden bildet der fein zerriebene und vielfach steinfreie Moränenschutt einen ausgezeichneten Ackerboden; häufig findet sich auch Schwarzerde mit Beimischung pflanzlicher Bestandteile. Die Mineralschätze der oberen Mississippibeckens bestehen in Kohle, Brauneisenstein (bei Milwaukee), Blei- und Zinkerz am Oneota und Volga. Besonders ausgedehnt ist der natürliche Vorrat an Kohle, denn hier liegen zwei Drittel des zentralen und die Hälfte des westlichen Feldes. Der Hauptstrom selbst hat für den Verkehr manche Nachteile. Im Frühjahr sind die Eisgänge bei Hochwasser zu fürchten, im Sommer leidet er an Wasserarmut. Um letzteren Mangel zu heben, wurde durch Anlegung von fünf Staudämmen ein ungeheures, künstliches Becken, das größte dieser Art auf der Erde, 2²/₈ Milliarden cbm Wasser haltend, geschaffen. Der oberste Abschnitt des Flusses bis nach Minneapolis und St. Paul ist sehr wichtig für die Flößerei und Müllerei (St. Antoniusfälle), die Fortsetzung des Stromlaufes von den beiden Städten war es früher auch für die Schifffahrt, aber diese hat neuerdings durch die Ausbreitung des Eisenbahnnetzes sichtlich gelitten.

Das Land an den Großen Seen gliedert sich, soweit die Union in Betracht kommt, zu zwei großen Halbinseln, die durch den Michigansee von einander getrennt werden; dazu kommt der Nordrand des Oberen Sees. Von den beiden Halbinseln ist die östliche (Untermichigan), 120 000 qkm groß und im Norden bis 450 m hoch, ein sanftwelliges Hügelland, dessen Bodenunterlage aus Sand- und Kalkstein in flacher Lagerung besteht, während die Oberfläche Glazialschutt trägt: vorwiegend fein zerriebenen Geschiebemergel (guter Ackerboden), aber auch ausgedehnte Blockanhäufungen, umfangreiche sterile Sandebenen, Sumpfstrecken und zahlreiche kleine Seen. Wegen häufiger Stromschnellen sind die Flüsse für den Verkehr wenig brauchbar. Nördlich der Saginawbucht kommen merkwürdige Naturbrunnen vor. An mineralischen Stoffen bietet das Land vereinzelt Petroleum, Schleifsteine und Steinkohle, besonders aber starke Salzsole.

Die westliche Halbinsel in Obermichigan und Wisconsin, 80 000 qkm groß, besitzt am Südufer des Oberen Sees einige kleinere Gebirge bis zur Höhe von 600 m, aber ihre Formen sind stark abgeschliffen, die Gehänge dagegen vielfach mit Felsblöcken bedeckt. Die Flüsse rauschen auf dem größten Teile ihres Laufes über Blockanhäufungen oder Felsbänke, zahlreiche stattliche Wasserfälle bildend und dadurch ansehnliche Betriebskräfte darbietend. Auf den in den Oberen See vorspringenden Halbinsel Keweenaw und in ihren Umgebungen fand man seit den 1840er Jahren unter dem Gletscherschutt riesige Blöcke gediegenen Kupfers, bis über 10 000 Zentner schwer; auch in der Tiefe (bis 1500 m) kommen sie vor. Daher war diese Gegend eine Zeitlang die erste unter den Kupferfundstätten der Erde und gehört noch jetzt zu den ergiebigsten, wenn sie auch den Vorrang an andere Teile der Union abgetreten hat. Sehr bedeutend ist ferner der Vorrat an Brauneisenstein, namentlich bei Menominee, Gogebic und Marquette. Im allgemeinen ist oder war die westliche Halbinsel bewaldet, aber da wo sich Blocklehm und Geschiebemergel finden, eignet sie sich auch zum Bodenanbau. Die Nordumrandung des Oberen Sees besteht aus einem plateauförmigen Gebirge von geringer Höhe, das sich nach Norden zu allmählich abdacht und auf seinen Anhöhen ungeheure Lager von leicht ausbeutbarem Eisenerz (Hematit) enthält. Die hier befindliche Mesabi Range ist seit etwa 10 Jahren die reichste Eisenerzfundstätte der Welt.

Die westliche oder kordillerische Hälfte der Union, von der Linie Corpus-Christi bis Red River des Nordens, s. S. 5, bis zur pazifischen Küste reichend, setzt sich aus vier Teilen zusammen. Diese sind das Plateautafelland, das Felsengebirge, das Große Becken und das pazifische Gebirge.

Das Prairietafelland, das sich in einer Flächenausdehnung von 1 600 000 qkm westwärts bis an den Ostfuß des Felsengebirges von 300 bis 1800 m Seehöhe erhebt und durch Armut oder gänzlichen Mangel an Baumwuchs kenntlich macht, zerfällt in zwei parallele Streifen oder Stufen von ungleicher Höhe. Die untere Stufe, von 300 bis 1000 m allmählich ansteigend, erstreckt sich westwärts bis zu einer unregelmäßigen Linie, die im Süden durch den Meridian 101 (Llano estacado), in der Mitte durch 103, im Norden durch 100 (Grand Coteau) bezeichnet wird; die obere Stufe geht dann von da bis an das Felsengebirge. Die Oberfläche der Prairien erscheint zwar auf ungeheure Entfernungen hin tischeben, mitunter treten aber auch ausgedehnte Hügelreihen und einzelstehende Tafelberge auf. Weitverbreitet sind ferner tellerartige Einsenkungen, bis 30 m tief und 3 km breit und in der feuchten Jahreszeit mit Wasser gefüllt. Im Norden kommen Moränenstauseen vor. Reichlicher Vorrat unterirdischen Wassers, namentlich im Gebiete des durchlässigen Dacota-Sandsteins, begünstigt die Anlage artesischer Brunnen. Die Gesteinszusammensetzung der Prairie ist im ganzen sehr gleichförmig und weist namentlich kretazeische Sandsteinflächen und tertiäre Mergelschichten auf. Zu den ersteren gehören die ostwärts ziemlich steil abbrechenden Llanos estacados oder staked plains an der Grenze der Staaten Texas und Neu - Mexiko, zu den letzteren die wildzerrissenen Badlands (mauvaises terres) zwischen den Flüssen Platte und Missouri südlich der Blackhills. Ausgedehnte Flugsandstrecken, in Form von Dünen bis 30 m hoch, finden sich namentlich auf der Oberstufe.

Der Boden der Niederstufe besteht meist aus Löß, besonders in der Nähe der größeren Flüsse, anderwärts ist er durch reichliche Beimischung halbverwester Pflanzenreste schwarz gefärbt und dem russischen Tschernosem vergleichbar. Weit ver-

15

breitet sind auch Schichten von Bimsteinstaub und vulkanischer Asche, bis 5 m mächtig, die durch starke Winde aus dem westlichen Gebirge angeweht sind. Je weiter nach Westen, umso mehr verschwinden die Bäume selbst von den Ufern der Flüsse, und schließlich gedeiht auf dem von alkalischen Salzen durchsetzten Boden nur noch ein dürftiger Wuchs entsprechender Gewächse, namentlich Artemisien (Sage brush). An mineralischen Stoffen finden sich stellenweise Steinkohle (bei Topeka und Omaha), Braunkohle, Steinsalz (Kansas), Salzsole, Gips (Kansas und Llano estacado) u. a. Die Gewässer der Prairietafel, darunter in erster Linie der rasch fließende, viele Sinkstoffe mit sich führende Missouri, sind wegen der wechselnden Wasserstände, teilweise auch wegen sehr starker Eisgänge und Eisstauungen für regelmäßige Schiffahrt nicht geeignet.

Das Felsengebirge hebt sich deutlich und kräftig von der Prairietafel ab und bedeckt mit den ihm angegliederten Plateaus am Colorado und Columbia sowie mit den Großen Becken einem Raum von 2 100 000 qkm. Bei einer mittleren Sockelbreite von 600 km (in Colorado) und einer äußersten Höhe von 4410 m (Blanka Peak) zieht das Felsengebirge durch das ganze Land und zerfällt in eine beträchtliche Anzahl von Längsketten, die durch Querriegel oder Plateaus mit einander verbunden sind. Am deutlichsten treten die beiden Grenzketten hervor, im Osten die Front Range oder das Felsengebirge im engeren Sinne, im Westen das Wahsatchgebirge. Charakteristisch ist die tiefe Durchschluchtung durch Flüsse, die dem Verkehr den Weg bahnten und für die Eisenbahn den Bau großer Tunnels entbehrlich machen. Trotz beträchtlicher Höhe ist das Felsengebirge verhältnismäßig arm an Schneefeldern, Gletscher fehlen im Süden ganz, im Norden sind sie vorhanden, aber von geringer Ausdehnung und keineswegs mit denen der europäischen Alpen zu vergleichen. Seinen besonderen Vorzug besitzt das Gebirge in dem unermeßlichen Reichtum an Metallen, namentlich an Gold, Silber, Kupfer und Blei; außerdem finden sich auch Eisenerz und Kohle (der Laramieformation).

Das Coloradoplateau, in geognostischer und landschaftlicher Beziehung wegen seiner eigenartigen und teilweise grotesken Formen und wegen seiner wunderbaren Farben- und Lichtwirkungen von höchstem Interesse, besteht aus einer Reihe flacher Höhenstufen von 2500 bis 1200 m Seehöhe, die einander treppenartig mit steilen Abstürzen von Norden nach Süden folgen und in dem Maße dürr und pflanzenarm sind, daß auf eine Entfernung von etwa 700 km, zwischen 42 und 36⁰ n. Br., außerhalb der Flußtäler nichts als Artemisiengestrüpp gefunden wird, dann die

Wasserläufe, sämtlich tiefe Risse (Canons) mit oft senkrechten Wänden von über 1000 m Höhe, ziehen alle Feuchtigkeit an sich. Das größte und malerischste dieser Schluchtentäler ist der Grand Canon des Colorado, eine der Hauptsehenswürdigkeiten der Union und neuerdings auch durch eine Bahn erreichbar. Mit wirtschaftlichen Hilfsquellen ist das Plateau dürftig ausgestattet, Bodenanbau fast ausgeschlossen, Viehbetrieb in beschränktem Maße zulässig. Nur im Süden und Südwesten finden sich reiche Erzlagerstätten, namentlich von Kupfer (Arizona!), Gold und Silber, doch stößt ihre Ausbeutung wegen des Wassermangels und wegen der verkehrsfeindlichen Gestaltung des Geländes nicht selten auf ernste Schwierigkeiten.

Zwischen das Wahsatchgebirge und die Sierra Nevada von Kalifornien ist das Große Binnenbecken eingeschaltet, eine meist abflußlose, im Durchschnitt 750 km breite Hochfläche zwischen 1300 und 1500 m Seehöhe, etwa so groß wie das Deutsche Reich. Als Ganzes betrachtet, ist es keine Ebene, sondern enthält neben vielen kleinen Gebirgen und Senkungen drei größere Becken. Das eine nimmt den Humboldtfluß auf, in dem zweiten ist der Große Salzsee eingebettet, das dritte ist die im Süden gelegene Mohavewüste. Die zahlreichen kurzen Bergketten, welche sich von der Hochfläche mit meist nordsüdlicher Streichung erheben, sind weder hoch noch ausgedehnt genug, um eine hinreichende Menge Schnee über den Winter hindurch festzuhalten und immerfließende Gewässer zu erzeugen. Nur die East Humboldt Mountains beherbergen einige ausdauernde Flüsse und mehrere nahezu süße Seen. Im übrigen laufen die Rinnsale in abflußlose Salzseen, deren es eine große Zahl gibt. Infolgedessen ist das Große Becken mit Ausnahme einiger weniger Strecken, die künstlich bewässert werden, unbewohnt und für die Folgezeit auch unbewohnbar. Was die Menschen dahinlockte — der Staat Nevada, der etwa die Hälfte des Großen Beckens ausmacht, hat nur 46 000 Einwohner —, sind reiche, aber teilweise schon erschöpfte Fundstätten von Gold, Silber und Blei in der Westhälfte. Die Salzseen geben an ihren flachen Ufern eine große Ausbeute an Salz. Borax gewinnt man in der Mohavewüste und im Todestale. Für den Verkehr bestehen, abgesehen von dem Wassermangel und gelegentlichen Sandverwehungen, keine sonderlichen Schwierigkeiten.

Das pazifische Gebirgsland, ebenfalls ungefähr so groß wie das Deutsche Reich, zerfällt in die binnenländische Hauptkette und in das Küstengebirge, die durch ein fast überall durchgeführtes Längstal von einander getrennt sind, gelegentlich aber durch wasserscheidende Querriegel in gegenseitige Verbindung gebracht werden und somit eng mit einander verwachsen erscheinen. Die binnenländische Hauptkette steigt in ihrer südlichen Hauptkette, der Sierra Nevada von Kalifornien, bis zu 4540 m Seehöhe, ohne aber irgendwo einen hochalpinen Eindruck im Sinne unserer bedeutenderen Alpenketten zu machen, während dieser in den nördlichen und teilweise höheren Abschnitte der Cascaden (Mt. Raimer 4707 m) in glänzender Weise zum Ausdruck kommt. Das Längstal, im Süden durch die Flüsse San Joaquim und Sacramento dnrchschnitten, ist namentlich längs des erstern breit, wasserarm und trocken, wird aber je weiter nach Norden, um so feuchter, wenn auch schmaler. In dieser Richtung kommt auch das Waldkleid, das im Süden dürftig ist, zu großartigster Entwickelung. Die wirtschaftlichen Möglichkeiten des pazifischen Westens sind sehr mannigfaltig. Von Natur besitzt es ausgedehnte Wälder mit riesigen Bäumen, weite Weideflächen, guten Ackerboden und ebenso reiche wie vielseitige Minerallager, namentlich an Gold, Silber, Kupfer, Quecksilber, Kohle und Petroleum. Mit Hülfe künstlicher Bewässerung können im Süden alle subtropischen Nutz- und Zierpflanzen gezogen werden. Schon jetzt ist Kalifornien das Hauptfruchtland der Union.

Daß die wirtschaftliche Ausgestaltung der Union durch das Klima in außerordentlichem Maße beeinflußt wird, geht schon aus der Besprechung der kordillerischen Landeshälfte hervor. Will man das Klima der Union durch einen fast alle ihre Teile treffenden Ausdruck kennzeichnen, so kann es nur der großer Gegensätzlichkeit sein. Im übrigen bestehen zwischen dem Osten und Westen durchgreifende Unterschiede.

Hinsichtlich der mittleren Jahreswärme gibt es abgesehen von den höchsten Gebirgsteilen Verschiedenheiten zwischen 20⁰ und 1⁰ C., die sich im allgemeinen in der Richtung von Süden nach Norden folgen, aber sie steht hinter den entsprechenden Breiten der Ostseite des atlantischen Ozeans beträchtlich zurück. New York City z. B. hat mit 10,9⁰ ungefähr die gleiche Jahreswärme wie Valentia in Irland und Budapest, ist aber um 6⁰ kälter als das gleichbreitige Neapel. Der Westen der Union ist zwar im Jahresmittel etwas wärmer als der Osten, aber San Francisco mit 13,2⁰ bleibt hinter dem gleichbreitigen Syrakus um 5⁰ zurück.

Von den einzelnen Jahreszeiten ist der Winter im Osten erheblich kälter als in den entsprechenden Teilen von Europa, in New York City z. B. der Januar um 9,2⁰ kälter als in Neapel, in Chicago um 11,7⁰ als in Rom, in Minneapolis um 11⁰ als in Mailand. Der Westen dagegen zeigt keinen erheblichen Unterschied gegen Europa. San Francisco mit einer Januarwärme von

$10,5^0$ steht etwa auf gleicher Stufe mit Palermo. Mit Ausnahme des pazifischen Westens ist der Sommer überall bedeutend wärmer als in Europa, innerhalb der Union aber im Westen kühler als im Osten. Der Juli ist in San Francisco um $9,5^0$, in Los Angeles um $2,4^0$ kühler als in New York City. Nahezu tropisch ist die Temperatur in Florida: Januar $18,1^0$, Juli $27,6^0$. Aber abgesehen von dem pazifischen Küstengebiet und von Florida herrschen überall starke Gegensätze zwischen Sommer und Winter und steigern sich in der Richtung von Südost nach Nordwest. Der Unterschied zwischen Januar und Juli beträgt z. B. in Savannah 17, in New York City 24, in Chicago 27 und in Minneapolis 31^0. Ungemein weit sind die äußersten Gegensätze der Temperatur gespannt. Die Maxima steigen bis 56^0 (in der südkalifornischen Mohavewüste), die Minima fallen bis $- 53^0$ (Poplar River in Montana), die äußerste Spannung für das ganze Land beträgt also 109^0. Während im Sommer lange Hitzezeiten auftreten, in denen wochenlang 32 bis 35^0 herrschen (New York City), bleibt im Winter scharfe Kälte selbst den südlichsten Teilen gelegentlich nicht erspart; New Orleans, auf der Breite von Kairo gelegen, hat kurze dauernde Fröste bis -14^0, Tampa auf Florida bis -6^0.

Bemerkenswert sind die raschen Sprünge und Stürze der Temperatur. Überall, mit Ausnahme der pazifischen Küste, kann sie innerhalb eines Tages oder weniger Stunden um 20 bis 25^0 fallen oder steigen. Am schärfsten geschieht dies auf den höheren Prairieflächen am Ostfuße des Felsengebirges. Während aber der Übergang vom Sommer zum Winter im allgemeinen sehr langsam und allmählich vor sich geht und wundervolle Herbsttage bringt, tritt der Frühling rasch ein. Aber es fehlt weder an scharfen Frühfrösten, in den Südstaaten schon im Oktober, noch an schlimmen Kälterückschlägen im Frühjahr bis in den April hinein.

Gleich groß wie in der Wärme ist die Gegensätzlichkeit des Klimas in der Feuchtigkeit sowohl für den ganzen Staat als auch für größere und kleinere Teile desselben. Übersichtlicherweise lassen sich, nach F. H. Newell, feuchte, halbtrockene und trockene Gebiete unterscheiden. Die feuchten, herab bis zur einer jährlichen Niederschlagsmenge von 750 mm, reichen von der Ostküste bis in die Gegend des Meridians 97 oder bis nahe an die Westgrenze der appalachischen Landeshälfte, s. S. 5; dann treten sie wieder an der pazifischen Küste nördlich von San Francisco auf. Die halbtrockenen Gebiete mit einem Jahresmittel von 750 bis 500 mm fallen etwa mit der Ausdehnung der Prairietafel, s. S. 15, zusammen, nur mit der Abweichung, daß sie im Norden etwas weiter westwärts reichen als im Süden. Außerdem beziehen sie sich auf die höheren Teile des Felsengebirges und auf die Sierra Nevada. Das Trockenland erstreckt sich von der Oberstufe der Prairietafel, mit den genannten Ausnahmen, bis an die pazifische Küste.

Innerhalb dieser drei Hauptgebiete bestehen aber beträchtliche Unterschiede. In den feuchten Landesteilen des appalachischen Ostens liegen die regenreichsten Gegenden, die bis 1750 mm und mehr jährliche Niederschläge erhalten, namentlich in der östlichen Golfniederung, s. S. 10, und erstrecken sich von da längs des Mississippi weit ins Innere. Der atlantische Ozean sendet weniger Feuchtigkeit als der Golf, insbesondere gelangt sie weniger weit in das Innere. Die trockensten Landesteile, nämlich diejenigen, deren jährliche Niederschlagsmenge unter 300 mm bleibt, kann man als Wüsten bezeichnen. Die geringsten Messungen ergaben sich bisher in Fort Yuma, Arizona, 71, in Hawthorne, Nevada, 112, in Fort Wingate, Nevada, 113, in Mohave, Südkalifornien, 124 und in St. George, Utah, 161 mm. Gegenüber der in diesen Punkten herrschenden ungeheuren Sommerhitze will ein solcher Regenbetrag in der Tat nichts bedeuten.

Innerhalb der regenreicheren Gebiete ist die Verteilung der Niederschläge über das Jahr im Osten zwar etwas gleichmäßiger als im Westen, der vorzugsweise Winterregen hat, aber überall zeigt sich Neigung zu sommerlicher Dürre und zur Zusammendrängung der Niederschläge auf eine verhältnismäßig geringe Zahl von Tagen. Die Güsse sind dann vielfach von ungemeiner Ergiebigkeit (bis 537 mm an einem Tage) und von heftigen Gewittern begleitet, namentlich in den Golfniederungen. Anderseits treten die winterlichen Schneefälle unter furchtbaren Nordweststürmen (Blizzards) mit entsetzlicher Kälte auf, die namentlich den Herden gefährlich werden. Sehr reichlich erfolgt in den meisten Landesteilen die Bildung von Tau und Reif, Rauchfrost und Glatteis, erstere sind für Kalifornien insofern wichtig, als sie einen gewissen Ersatz für den Regen leisten.

Da zwischen den Gebirgen des Ostens und Westens eine riesige Mulde in der Richtung von Süd nach Nord ausgebreitet liegt, so können sich auf ihr die atmosphärischen Gegensätze zwischen den verschiedenen Himmelsgegenden frei austoben. In der Tat vollzieht sich der Ausgleich der Störungen des Luftmeeres mit einer Unbändigkeit und einem Ungestüme, wie man sie in Europa nicht kennt; die Folgen und Begleiterscheinungen sind furchtbare Stürme und Orkane, heftige Regengüsse, starke elektrische Entladungen und schroffe Temperaturstürze, namentlich am Ostfuße des Felsengebirges. Hier wüten nicht nur die winterlichen Blizzards und Northers, sondern auch die sommerlichen Tornados, die entsetzlichsten aller Wirbelstürme, die gelegentlich ganze Städte vom Erdboden wegfegen. Ihre Drehgeschwindigkeit beträgt bis 50 km in der Minute, ihre Bahn ist aber selten breiter als 500 m und ihre Kraft erschöpft sich nach 60 bis 80 km. Den Tornados der Prairie entsprechen an der atlantischen Küste die Hurricanes, aber sie sind weniger schnell als jene, wenn auch breiter und länger wirkend. Sie kommen hauptsächlich im September und Oktober vor.

Ungefähr entsprechend der Dreiteilung des Bodens in feuchte, halbtrockene und trockene Ländereien gestaltet sich in großen Zügen auch das Pflanzenkleid. Die feuchten fand man bei der Entdeckung mehr oder weniger dicht bewaldet, die halbtrockenen, soweit sie nicht im höheren Gebirge liegen, waldlos und baumarm oder baumlos, aus Naturwiesen oder Steppen bestehend, die trockenen endlich pflanzenarm, etwa als dürre Steppen oder Wüsten. Auf diese Weise entsteht die dem geologischen Bau und dem Klima entsprechende scharfe Scheidung zwischen dem bewaldeten Osten und dem bis auf gewisse Ausnahmen waldlosen Westen. Innerhalb der Waldgebiete treten auf Grund der Höhen- und Niederschlagsverhältnisse, der Breitenlage und der örtlichen Bodenbeschaffenheit beträchtliche Unterschiede einerseits zwischen dem Osten und Westen, andererseits zwischen dem Norden und Süden hervor.

Im Osten lassen sich, nach C. S. Sargent, vier Abteilungen des Waldes unterscheiden: der halbtropische Wald von Florida, die südliche Küstenprovinz, die Provinz der Weymouthskiefer (Pinus Strobus) und der sommergrüne Laubwald des Mississippibeckens und der atlantischen Küstenebene.

Der subtropische Wald von Florida, der längs der Küsten und auf einigen aus der Binnensavanne aufsteigenden Hügeln vorkommt, ist zwar von außerordentlich mannigfaltiger Zusammensetzung in botanischer Hinsicht, aber von geringem wirtschaftlichem Wert und zur Zeit nicht ausgenutzt.

Die südliche Küstenprovinz, im Mittel 300 km breit, erstreckt sich von der Mündung des Mississippi bis zur Chesapeakbai und zeigt unmittelbar oder nahe der Küste hauptsächlich die Lebenseiche, die Palmetto und verschiedene Kieferarten, während weiter landeinwärts lichte Wälder der langnadligen Kiefer weite Räume bedecken. In den Flußtälern und längs den Ufern der seichten Seen gewinnt, neben Walnus, Esche und Wassereiche, die in der Regel mit Flechtenbärten bewachsene südliche Zypresse (Taxodium) ihre größte Entfaltung wie ihren höchsten

Wert. In diesem Gebiete gewinnt man viel Holz und Terpentin.

Die Provinz der Weymouthskiefer geht von den mittleren Alleghanies bis an und über den Lorenzstrom und die Großen Seen. Außer der vielfach große Wälder bildenden Kiefer, wonach die Provinz benannt ist, finden sich hier die Schwarzfichte, die Hemlocktanne, die gelbe Zeder, die Schwarzlinde, die schwarze und weiße Erle, der Zuckerahorn sowie verschiedene Ulmen- und Birkenarten. Walnuß und Eiche erreichen in dieser Provinz ihre Nordgrenze ebenso die Kastanie, der Sassafras, der Tulpenbaum, die Magnolie, die rote Zeder, der Tupelobaum, die Buche und andere wichtige Gattungen.

Der sommergrüne Laubwald des Mississippibeckens, der sich nordostwärts bis zur atlantischen Küste bei Washington City erstreckt, enthält zwar stellenweise reine Nadelholzbestände oder gemischte Gruppen, besteht aber doch größtenteils aus sommergrünen Baumarten mit breiten Blättern. Eichen, Walnusbäume, Esche und Magnolie bilden Wälder von unübertroffener Mannigfaltigkeit und Üppigkeit. Der Kirsch-, Tulpen- und Kastanienbaum erreichen hier eine in anderen Landesteilen unbekannte Größe. Am Red River des Südens erlangt der Weißdorn eine besondere Schönheit, ebenso der orangefarbene Maulbeerbaum. Auf den Steilufern des Mississippi, s. S. 11, entfaltet die stattliche südliche Magnolie, vielleicht die herrlichste unter den nordamerikanischen Baumgestalten, die größte Pracht, nicht minder die Buche. Westlich von 95° w. v. Gr., stellenweise noch früher, wird der Wald lichter und spärlicher und macht allmählich der baumlosen Prairie und weiterhin der Steppe Platz, die sich bis an den Ostfuß des Felsengebirges ausdehnt.

Bei dem pazifischen Waldgürtel ist zwischen Küsten- und Binnenwald zu unterscheiden. Der Küstenwald, der üppigste, wenn auch nicht der mannigfaltigste des Kontinents, besteht bei auffälliger Armut an Laubgewächsen größtenteils aus einer beschränkten Anzahl von Nadelholzarten, die allerdings eine weite Verbreitung genießen. Im Norden sind am wertvollsten die Alaskazeder, die Sitkafichte und die Hemlocktanne. Dazu kommen weiter südlich die Douglastanne, der wichtigste und am weitesten verbreitete Baum des pazifischen Waldgürtels, die unverwüstliche Rottanne und die prachtvolle Rotzeder, alle drei in gewaltiger Dicke und Höhe an den Abhängen der Gebirge auftretend. Die breiteren Flußtäler sind mit einem dichten Wuchs von Ahorn, Pappeln, Erlen und Eichen überzogen, bei engeren innern Täler mit lichten Eichenbeständen versehen. In den großen Nadelwäldern von Oregon und Washington stehen die bis 90 m

hohen und 6 m und mehr im Durchmesser haltenden Riesen-
stämme oft nur wenige Fuß von einander entfernt. Der Boden,
von dem dichten Walddach beschattet, wird niemals trocken und
ist mit hohem und weichem Teppich von Moß und Farn bedeckt.
An baumfreien Stellen bilden verschiedenartige Sträucher von beträchtlicher Höhe ein undurchdringliches Dickicht. Weltberühmt
sind die an Dicke und Höhe unerreichten, uralten Mammutbäume
oder Sequoien der Sierra Nevada Kaliforniens.

Der Binnenwald des Westens ist je nach seinem
Standort von recht verschiedener Beschaffenheit. Den dürftigsten
Eindruck macht er auf den höheren Ketten des Großen Beckens,
s. S. 17. Besser sind die Bestände auf den kalifornischen Sierren
und auf dem Felsengebirge, aber auch hier zeigen sie häufig eine
sichtliche Schwäche und Kraftlosigkeit. Von besonderen Nadelholzarten seien die gelbe Zeder und die westliche Lärche genannt, letztere der größte und wertvollste Baum des Columbia-
beckens. Für das Coloradogebirge, in dem Höhengürtel von 2
bis 3000 m, ist eine Pechtanne charakteristisch. Die niedrigen
Abhänge und Berglehnen bedecken gelbe Kiefern und Rottannen,
während die Flußtäler mit Pappeln, Erlen, Ahornen und licht-
gestellten Weißtannen bestanden sind. Den Abschluß nach den
baumlosen Flächen bilden spärliche Gruppen von Pinus edulis,
kümmerliche Wachholder und kleine Eichenarten.

In floristischer Beziehung ist die nordamerikanische
Pflanzenwelt reicher an Arten und teilweise kräftiger entwickelt
als die europäische. Den europäischen Wald setzen kaum vierzig
einheimische Baumarten zusammen, den nordamerikanischen dagegen etwa vierhundert. Europa besitzt insgesamt zwanzig
Eichen- und zehn Kiefernarten, die Union dagegen fünfzig und
dreißig. Charakteristisch ist für letztere die Raschheit des Blü-
hens, Verblühens und Reifens, aber die Langsamkeit des Abster-
bens und Abfallens der Blätter. Herrlich gestalten sich die Farben-
wirkungen der Laubbäume im Herbst.

Die Prairieflora besteht vorzugsweise aus Gräsern und
Kräutern. Im Osten nimmt sie, namentlich entlang den Wasserläufen, manche Vertreter des Waldes auf, vornehmlich Pappeln,
Eschen, Weiden, Ulmen usw., im Westen und Südwesten geht
sie in den Steppen- und Wüstentypus über. Zu den häufigsten
Grasarten der Prairie gehören das echte Büffelgras (Bulbilis
dactyloides), sehr widerstandsfähig und besonders zwischen dem
Rio Grande del Norte und dem unteren Missouri verbreitet, mit
ihm vergesellschaftet das Sandklettengras (Cenchrus tribuloides);
ferner das blaue und schwarze Grammagras, das Mezquite-, das
Büffelbunch-, das Wiesen-, das Blaustengel-, das Purpur-, das

Nadel-, das Kanarien-, das Bindfadengras, der Sandhafer und das Narrenheu. Im Westen treten Sagebrush (Artemisia), Greasewood, Melde, Bigelovia, Eurotina, Opuntia und Yucca (Palmlilie, der letzte Vorposten vor der Wüste) auf.

Die wilde Tierwelt der Union kann hier nur insoweit berücksichtigt werden, als ihre Vertreter entweder beträchtlichen Nutzen gewähren oder erheblichen Schaden anrichten. Von den großen Säugetieren ist der Büffel, der einst in vielen Millionen die Prairie durchzog, aus der freien Natur seit Jahrzehnten verschwunden und nur noch in künstlichen Gehegen oder Reservationen zu finden. Auch das Elentier (Moose) ist recht selten geworden, wenn nicht ganz ausgerottet. Dagegen ist die Jagd auf Hirsche, Antilopen und mehrere Hasenarten mitunter noch ergiebig. Der kleine graue Hase richtet in den Pflanzungen erheblichen Schaden an. Von den größeren Nagern war einst der Biber, der aber aus den bewohnten Teilen längst verschwunden ist, als Pelztier wichtig; ihn ersetzt jetzt die Moschusratte. Von mehreren Eichhörnchen, die größer als unsere mitteleuropäischen Arten sind, vom Stinktier und vom Dachs der Prärien wird das Fell geschätzt ebenso vom Waschbär oder Raccun, der freilich wegen seiner Vorliebe für Mais auch zu den schädlichsten Tieren gehört. Die Grundhörnchen, die Taschenmäuse (Gophers) und die murmeltierartigen Woodchuck schädigen die Feldfrüchte, die Gophers auch die Bewässerungsdämme, die sie aushöhlen. Vom Stachelschwein und vom Opossum wird das Fleisch gegessen.

Zu den großen Raubtieren gehören der schwarze Bär, in der Region des oberen Mississippi und des Missouri noch vorkommend, der Grizzlybär der Siera Nevada und des pazifischen Küstengebirges, das stärkste und gefährlichste Tier des nordamerikanischen Kontinents sowie der Wolf. Der Prairiewolf oder Coyote fürchtet zwar den Menschen, ist aber den Herden gefährlich. Der Fuchs ist auch hier der Feind des Federviehs, die Otter, der unsrigen ganz ähnlich, wird wegen ihres Pelzes verfolgt. Aus der Familie der Katzen ist der im Süden und Südwesten vorkommende Panther am schlimmsten. Der Puma oder Silberlöwe gehört dem Südwesten an, Wildkatzen und Luchse finden sich in allen größeren Wäldern. Wieselartige Tiere, die dem Federvieh nachstellen, aber auch wegen ihrer wertvollen Winterpelze verfolgt werden, sind der Mink, das Hermelin und der Fichtenmarder (der amerikanische Zobel).

Von den Vögeln kommen für die Wirtschaftskunde nicht viele in Betracht. Der weißköpfige Seeadler, der größte unter den Raubvögeln, das Wappentier der Union, nährt sich vorzugsweise von Fischen. Sperber, Bussarte, Falken und Enten verheeren gelegentlich die Hühnerhöfe. Den Saaten schädlich sind vornehmlich die Häher, die Dolen (Saatkrähen), die Kernbeißer und Seidenschwänze. Nützlich sind außer dem Aasgeier des Südens die Singdrossel, der Blauvogel und die Spechte als Vertilger von Insekten und Würmern. Der europäische Sperling, den man vor 1850 nicht kannte, wird heute wegen seiner enormen Vermehrung als schädlich betrachtet. Zu den jagdbaren Vögeln gehören der einst weit verbreitete, jetzt nur noch im Süden vorkommende wilde Truthahn, der größer ist als der gezähmte, verschiedene Arten Hasel- und Buschhühner, das Prairiehuhn, das amerikanische Rebhuhn (Quail), die Wandertaube, der ergiebigste Jagdvogel, der jedes Frühjahr in wolkenartigen Schwärmen erscheint, mehrere Arten von Enten, besonders die Canvasente, Schnepfen, Beccasinen, Taucher usw.

Als schädliche Reptilien seien die Krokodile und Alligatoren, die Klapper- und Mokassinschlangen genannt. Mit Fischen ist die Union reich ausgestattet, der Osten und Süden jedoch mannigfaltiger als der Westen. Am stärksten sind die Welse vertreten; zu ihnen gehört der weit verbreitete, riesige Catfisch. Unter den Barschen gibt es einige sehr fein schmeckende Arten. Hechte finden sich namentlich in den Großen Seen, Forellen in den Gebirgsgewässern, Lachse besonders in den pazifischen Gewässern, wo sie massenhaft und in riesigen Exemplaren vorkommen. Die Weißfische, delikate Tiere, bewohnen hauptsächlich die Großen Seen. Die Muscheltiere der Flüsse und Binnenseen werden hauptsächlich von Indianern und Negern gegessen. Dafür beuten die Weißen den ungeheuren Austernreichtum der atlantischen Küste aus und betreiben mit großem Erfolge Hochseefischerei.

Die Insektenwelt hat viele und schlimme Schädlinge aufzuweisen. Wohl jedes Nutzgewächs hat einen oder mehrere besondere Feinde, die meisten vielleicht die Baumwolle. Die Heuschrecken, die zu gewissen Zeiten in ungeheuren Schwärmen erscheinen und vor denen man die Zimmer durch besondere Gitterfenster schützen muß, suchen vornehmlich die Prairiegegenden heim. Die Nesselfliege ist der größte Feind des Weizens. Moskitos und andere stechende Insekten, im besonderen die schwarzen Fliegen, bilden in den wasserreichen Gegenden mit heißem Sommer große Landplagen.

II

Besiedelung und allmähliche Ausgestaltung der wirtschaftlichen Grundlagen.

Die ungeheuren wirtschaftlichen Naturgaben der Union, von denen im vorigen Kapitel eine kurze Übersicht gegeben worden ist, sind der Hauptsache nach bis nahe an die Schwelle der Gegenwart unbenutzt geblieben, denn die Ureinwohner, die sogenannten Indianer, trieben neben etwas Bodenbau vorzugsweise Jagd und Fischfang; die gewaltigen Reichtümer des Bodens im engeren Sinne hatten sie kaum angerührt. Belanglos waren auch, im Hinblick auf den Umfang und die Vorräte des Gesamtgebietes, die wirtschaftlichen Ergebnisse der ersten europäischen Einwanderer; denn auch sie waren längere Zeit hindurch hauptsächlich Jäger, Fischer und Pelzhändler, später erst Pflanzenbauer. Der unerhörte Aufschwung der amerikanischen Wirtschaft datiert erst seit der Loslösung der ehemaligen englischen Kolonien vom Mutterlande, insbesondere aber erst seit der Ausdehnung des Staatsgebietes von Ozean zu Ozean sowie seit der Verstärkung der Einwanderung und der damit Hand in Hand gehenden Ausbreitung der Eisenbahnen.

Von drei Seiten aus und von drei Völkern sind die ersten europäischen Pioniere zum Zwecke der Besiedelung in das heutige Staatsgebiet der Union eingedrungen. Im Nordosten erschienen die Germanen, namentlich die Engländer, neben ihnen die Holländer, Schweden und Deutschen. Vom Norden her, aus dem Gebiete der Großen Seen und längs des Mississippi, kamen die Franzosen, von Süden her, teils zu Lande teils zu Wasser, die Spanier. Aber die Vertreter keines dieser Völker führte eine wirtschaftliche Notwendigkeit in das Land, sondern die Triebfedern zu ihrer Einwanderung waren entweder Abenteuerlust oder Zufall oder das Verlangen nach Befreiung von religiösen und politischen Einengungen und Zwistigkeiten, die sie ihrer europäischen Heimat überdrüssig machten. Daher erklärt sich auch die Tatsache, daß in der Kolonialzeit belangreiche wirtschaftliche Fortschritte nicht gemacht wurden. In der Hauptsache kam es den ersten Ansiedlern und ihren unmittelbaren Nachkommen darauf an, ihre gröbsten unmittelbaren Daseinsbedürfnisse zu befriedigen; es kam ihnen nicht in den Sinn, die wirtschaftlichen Naturgaben ihrer neuen Heimat planmäßig zu untersuchen und kraftvoll zur Entwicklung zu bringen. Immerhin war es für die weitere Ausgestaltung der Wirtschaft in späteren Zeiten von grundlegender Bedeutung, daß sich die harten und widerstandsfähigen Nordgermanen vor den weicheren und weniger zielbewußten Romanen im wesentlichen Besitze behaupteten und daß bei ihnen eine ernste religiöse Grundlage vorhanden war, die ihrem Leben und Streben einen festen sittlichen Halt gab. An Reibereien und scharfen Kämpfen zwischen den verschiedenen Nationalitäten hat es von vorn nicht gefehlt und selbst dem älteren englischen Element mangelte es an Einheitlichkeit, ein Umstand, der frühzeitig zur Ausbildung des Gegensatzes zwischen dem Norden und dem Süden führte, ein Gegensatz, der bis auf den heutigen Tag noch nicht verschwunden ist.

Von vorn herein bestanden an der atlantischen Küste zwei verschiedene, vorherrschend englische Siedlungsgebiete. Im Norden, erst im heutigen Massachusetts, dann in den gegenwärtigen Staaten Connecticut, Rhode Island, Maine und New Hampshire hatten sich seit 1620 (Maiflower 20. Dezember) Puritaner niedergelassen, die dem englischen Mittelstande angehörten, durchweg biedere, solide und arbeitsame Leute. Diese verschiedenen Ansiedelungen schlossen sich i. J. 1650 zu den Vereinigten Kolonien von Neu-England zusammen. Gleicher Art wie die „Pilgrimfathers" waren die Quäker, die sich seit 1682 in Pennsylvanien niederließen, wo schon seit 1638 eine kleine schwedische Kolonie bestanden hatte. Ein Jahr später als die Quäker kamen die ersten Deutschen (Mennoniten) ins Land, ebenfalls aus religiösen Beweggründen. Diese erklären auch die Tatsache, daß die Ansiedler nichts Angelegentlicheres zu tun hatten, als die Grundsätze religiöser Freiheit aufzustellen, an denen sie unentwegt festhielten, ebenso wie sie in politischen Dingen den Zielen der reinsten Demokratie nachstrebten. Die zwischen den beiden angelsächsischen Siedelungen von Neuengland und Pennsylvanien gelegene holländische Kolonie Neu-Amsterdam war schon 1667 in britischen Besitz übergegangen, ohne aber in den Geist jener eine bemerkenswerte Änderung zu bringen.

Die südliche angelsächsische Hauptniederlassung, seit 1606 auf Grund eines Privilegiums Jakobs I. durch die London Company angelegt, war nicht nur älter als die nördlichen, sondern ihre Einwohnerschaft setzte sich auch aus anderen Volksbestandteilen zusammen. Es waren nicht vorzugsweise Leute des bürgerlichen Mittelstandes, sondern Aristokraten und Kapitalisten, welche in den Süden gingen und hier Tabak zu bauen anfingen. Nach spanischem Vorbilde gingen sie bald dazu über, ihre Pflanzungen mit Hülfe von Negersklaven zu betreiben, die seit 1620 in stets wachsenden Zahlen eingeführt wurden. Da allmählich auch die ärmeren unter den vorhandenen Weißen in eine gedrückte Lage gerieten, so trat im Laufe der Zeit der Gegensatz zwischen Besitzenden und Besitzlosen, der im Norden fehlte, scharf hervor. Aber er hinderte doch nicht, daß sich die nördlichen Kolonien mit den südlichen zusammenschlossen, als es galt, sich gegen die Bedrückungen und Übergriffe des Mutterlandes aufzulehnen und die volle politische Unabhängigkeit zu erzwingen.

Als dies durch einen siebenjährigen Krieg geschehen war und als sich das neue Gebilde der Vereinigten Staaten von Amerika (U. S. A.) organisiert hatte, umfaßte es, um 1790, insgesamt eine Fläche von 2 149 028 qkm mit 3 929 212 Einwohnern innerhalb der sogenannten dreizehn alten Kolonien (ohne Florida), die nach Westen hin im allgemeinen durch den Gebirgszug der Alleghanies oder der Appalachen, s. S. 7 begrenzt wurden. Dieser Staat hatte seine Hauptkraft in der ausgezeichneten Verkehrsbegabung der Küste, in dem Ackerboden des Südens und in den ausgedehnten Wäldern mit ihrem Reichtum an Wild. Die ungeheuren Kohlenlager an der Westseite des appalachischen Systems waren noch nicht ausgebeutet, ja teilweise überhaupt nicht bekannt.

Nachdem in dem Zeitraume 1791—1802 vier neue Staaten: Kentucky und Vermont (1791), Tennessee (1796) und Ohio (1802) hinzugekommen waren und nachdem 1803 die weiten Flächen des ursprünglich französischen Louisiana von Napoleon I. für den Betrag von 15 Mill. Doll. gekauft worden waren, stieg das Areal der Vereinigten Staaten auf 5 179 207 qkm, auf denen im Jahre 1810 7 239 881 Menschen wohnten. Der Staat hatte sich somit im Norden überall bis an die Großen Seen, im Süden bis an den Golf und im Westen bis an den Ostfuß des Felsengebirges ausgedehnt und damit eine gewisse natürliche Abgrenzung erreicht. Zugleich hatte er einige ganz neue Naturgebiete angeschlossen und in der großen Stromader des Mississippi eine Verkehrsbahn erlangt, die fast alle Teile des großen Reiches in ausreichender, wenn auch nicht idealer Weise verband. Die nächsten Jahrzehnte brachten nur geringe Erweiterungen des Besitzstandes, nämlich den Kauf des ursprünglich spanischen Florida und eines kleinen Gebietes östlich der Mündung des Mississippi, dagegen erfolgte jetzt rasch die Aufstellung neuer Staaten wie

Louisiana (1812), Indiana (1816), Mississippi (1817), Illinois (1818), Alabama (1819) und Maine (1820).

Einen gewaltigen Zuwachs brachten die 1840er Jahre durch die Annexion von Texas (1845), die Übernahme des Nordwestens von der Hudsonbaigesellschaft (1846) und mehrere mexikanische Abtretungen (1848). Dadurch erhöhte sich das Staatsgebiet auf 7 720 370 qkm bei einer Bevölkerung von 23 191 876 Seelen (1850). Die Organisation der Staaten machte weitere Fortschritte, indem zu den 23 vorhandenen 8 neu: Missouri (1821), Arkansas (1836), Michigan (1837), Texas, Florida und Jowa (1845), Wisconsin (1848) und Kalifornien (1850) hinzukamen. Mit dem sog. Gadsenkauf (1853), der sich auf Teile der heutigen Staaten Arizona und Neu-Mexiko bezog und das Staatsgebiet auf 7 835 986 qkm steigerte, wurde der Hauptkörper der Vereinigten Staaten fertig und später durch Verträge mit Großbritannien und Kanada diejenige Abgrenzung geschaffen, welche auf den Karten zum Ausdruck gebracht ist. Seit etwa 50 Jahren ist also auch der Hauptumfang der wirtschaftlichen Aufgaben gestellt und streng genommen nur auf diesen Zeitraum dürfen sich rückwärts blickende Vergleiche beziehen.

Was später hinzukam: der Kauf von Alaska (1868) im Betrage von 1 530 327 qkm, die Annexion von Hawaii, Portorico, den Philippinen usw. liegt zwar außerhalb des eigentlichen Landzusammenhangs und ist als Kolonialgebiet anzusehen, aber es erweiterte zugleich den Umfang der wirtschaftlichen Aufgaben und gab ihnen die größtmögliche Vollständigkeit, denn nun erstrecken sie sich von den heißfeuchten Tropen durch alle Naturgebiete bis in das Polarland hinein.

In dem Zeitraum von 1850 bis 1900 stieg die Bevölkerung des Staates von rund 23 auf 76 (1905 über 83) Millionen und reihte sich somit den Einwohnerschaften der größten Reiche der Erde an. Die Weiterbildung der nicht organisierten Gebietsteile (Territorien) zu Staaten, d. h. zu gleichberechtigten Teilhabern des Bundesstaates, hat sich bis zum Jahre 1905 fortgesetzt und in diesem ihren Abschluß gefunden. In den fünfziger Jahren des vorigen Jahrhunderts wurden Minnesota und Oregon, in den sechzigern West-Virginien, Kansas, Nevada und Nebraska, 1875 Colorado, 1889 Nord- und Süd-Dacota, Montana und Washington, 1890 Idaho und Wyoming, 1894 Utah und endlich 1905 die noch übrigen Territorien Neu - Mexiko, Arizona, das Indianer-Territorium unter dem Namen Süd-Indiana sowie Oklahoma unter die Reihe der Staaten aufgenommen. Somit besitzt der Hauptkörper, das eigentliche Wirtschaftsgebiet der Vereinigten Staaten, gegenwärtig eine einheitliche politische Organisation.

Aber die einzelnen Staaten zeigen in Arealgröße und Volksmenge sehr bedeutende Abweichungen; und diese im Sinne zu
behalten, ist auch für wirtschaftliche Zwecke wichtig. Der größte
ist Texas, der mit seinen 688 340 qkm das Kaisertum Österreich-
Ungarn an Raumumfang übertrifft, der kleinste ist Rhode Island,
2740 qkm, der zweitkleinste Delaware, 5310 qkm, die sich somit
den Deutschen Kleinstaaten passend anreihen. Aus Texas könnten
255 Staaten von der Größe Rhode Islands gemacht werden. Im
allgemeinen liegen die großen und größten westlich des Mississippi,
die mittleren und kleinen östlich dieses Stromes. Dem Durchschnitt entsprechen etwa Georgia, Michigan, Florida und Illinois.
Der Volksmenge nach steht Neu York mit 7 268 894 an erster,
Nevada mit 42 335 Seelen (nach der Zählung von 1900) an
letzter Stelle; der eine übertrifft also den andern um das
173fache. Im allgemeinen befinden sich die stärker bevölkerten
Staaten im Osten, die schwächer und ganz schwach bewohnten
im Westen. Dem arithmetischen Mittel von rund 1 ½ Millionen
Seelen kommen Mississippi, Kansas und Kalifornien gleich oder
nahe.

Hinsichtlich der mittleren Volksschichte steht der Haupt-
körper der Union hinter derjenigen Europas ungefähr um das
Fünffache zurück. Von den einzelnen Staaten erinnern nur einige
wenige, die ausschließlich dem Osten zukommen und einen für
amerikanische Verhältnisse kleinen Umfang haben, an altweltliche
Verhältnisse: Rhode Island hat 156, Massachusetts 130, New
Jersey 92, Connecticut 70, Neu York 58 und Pennsylvanien 54
Menschen auf dem qkm. Im allgemeinen nimmt die Volksdichte
in der Richtung von Osten nach Westen, ab, entsprechend der
Gestaltung der Einwanderungswelle, die im Osten brandet, westwärts aber mehr und mehr abflaut, um stellenweise ganz zu
verschwinden. Im Westen gibt es sechs Staaten: Nevada, Wyoming, Arizona, Neu-Mexiko, Montana und Idaho, in denen durchschnittlich nicht einmal ein Mensch auf einem qkm lebt. Bei
elf Staaten: Utah, Norddacota, Oregon, Colorado, Süddacota,
Washington, Florida, Kalifornien, Oklahoma, Texas und Süd-
Indiana schwankt die Volksdichte zwischen 1 und 5, bei fünf
Staaten: Nebraska, Kansas, Minnesota, Maine und Arkansas
zwischen 5 und 10 Personen. Minnesota und Maine entsprechen
etwa dem Durchschnitt des Gesamtstaates (8—9).

Nach den Volkszählungen der Jahre 1880 und 1900 zer-
teilte sich die Bevölkerung des Hauptkörpers der Union (ohne
Alaska) in folgende Rassenbestandteile:

	1880	1900	Zunahme (+) in Jahres- od. Abn. (—) proz.	
Weiße	43 402 970	66 809 196	+ 23 406 226	2.7
Neger	6 580 793	8 833 994	+ 2 253 201	1.8
Indianer (1890)	248 253	237 196	— 11 057	0.5
Chinesen	105 465	89 863	— 15 602	0.9
Japaner	148	24 326	+ 24 178	816.0
zusammen	50 337 629	75 994 575	+ 25 656 946	2.5

Nach dem Geburtsgebiet beurteilt, waren im Jahre 1900, einschließlich Alaska und Hawai

65 843 302 Personen oder 86,3% der Gesamtbevölkerung in den Vereinigten Staaten,

10 460 085 Personen oder 13,7% der Gesamtbevölkerung auswärts geboren.

Die staatliche Statistik der Einwanderung besteht seit dem Jahre 1821 und lieferte von da bis zum Jahre 1900 die nachstehend verzeichneten Beträge:

Gesamteinwanderung 1821—1905:..........	23 105 153	100%
davon aus dem Britischen Nordamerika......	1 056 745	4
„ „ Großbritannien	3 297 793	14
„ „ Irland......................	4 068 660	18
zusammen aus den genannten Gebieten	8 422 198	36
aus Deutschland	5 225 045	23
Norwegen und Schweden	1 508 646	7
Österreich-Ungarn	1 975 774	8
Italien.............................	2 004 020	9
„ dem europäischen Rußland	1 557 330	7
„ allen übrigen Ländern................	2 412 140	10

Die beiden bisher betrachteten Gesichtspunkte: die Erweiterung des Staatsgebietes um das Vierfache des ursprünglichen Umfanges und das rasche Wachstum der Einwohnerzahl um das Zwanzigfache seit Begründung des Staates mußten auf die Gestaltung der Gesamtwirtschaft einen bestimmenden Einfluß ausüben. Die Erweiterung des Staatsgebietes führte in durchaus eigenartige Landschaften und stellte neue und weitreichende Aufgaben. Die weiten Ebenen zu beiden Seiten des Mississippi

---

*) Bis 1866 wurden die Einwanderer aus Österreich - Ungarn als Deutsche gerechnet, aber ihr Betrag war bis dahin sehr gering.

regten zum intensiven Betriebe von Pflanzenbau und Viehzucht an, die metallreichen Gebirge des Westens lockten zur Ausbeute der Mineralschätze an, die erst in roher, später in vervollkommneter Weise vor sich ging. Die Trockenländereien des Westens verlangten künstliche Bewässerung, um dauernd besiedelt werden zu können. Die ungeheuren Entfernungen von Ozean zu Ozean wie von Norden nach Süden und in diogonalen Richtungen erheischten gebieterisch eine tatkräftige Förderung des Verkehrswesens, wenn anders der Staatskörper als einheitliches Wirtschaftsgebiet zusammengehalten und ·seine natürlichen Verschiedenheiten zu gegenseitiger Ergänzung ausgebildet werden sollten. Aber die Gefahr des Zerfallens der riesigen Räume in selbständige Teile wurde dadurch gefahrdrohend, daß sich namentlich im Süden auch politische und wenn man will ethnographische Sonderbestrebungen geltend machten. Die große Krisis der allgemeinen Entwickelung der Vereinigten Staaten fällt daher in die sechziger Jahre des vorigen Jahrhunderts, denn einerseits begannen damals die Prairielande und der gebirgige Westen in das Morgenrot ihrer wirtschaftlichen Entfaltung zu treten, anderseits spitzte sich die Sklavenfrage aufs äußerste zu. Es zeugt daher von höchster staatsmännischer Einsicht, daß die leitenden Kreise sowohl die augenblickliche Sachlage wie die Richtung der künftigen Gestaltung richtig erkannten und mit Aufbietung aller Kräfte die drohende Krisis zu bewältigen verstanden. So furchtbar auch die Opfer waren, die der Bürgerkrieg in den Jahren 1861—65 an Gut und Blut kostete, so stellt er doch nur ein kurzes retardierendes Moment dar, ohne den allgemeinen Fortschritt ernstlich aufzuhalten.

Gegenüber den mannigfaltigen und bedeutungsvollen Aufgaben, welche die Erweiterung des Staatsgebietes stellte, war es von höchster Wichtigkeit, daß sich um die Mitte des neunzehnten Jahrhunderts die Einwanderung gegen früher nicht nur beträchtlich verstärkte, sondern auch aus verschiedenen, für die einzelnen Aufgaben meist besonders geeigneten Rassenbestandteilen zusammensetzte. Zunächst bedurfte es allerdings, um die neuen Gebiete einigermaßen nutzbar zu machen, der unausgesetzten Zufuhr neuen Menschenmaterials. Diese gestalteten sich in den nachstehenden Zeiträumen wie folgt:

Personen	im Jahresmittel	
1821—50 : 2 456 815	81 860	1901 : 487 918
1851—60 : 2 598 214	259 821	1902 : 648 743
1861—70 : 2 314 824	231 482	1903 : 857 046
1871—80 : 2 812 191	281 219	1904 : 812 870

Personen im Jahresmittel

1881—1890 : 5 246 613   524 661   1905 : 1 026 499
1891—1900 : 3 844 420   384 442
1901—1905 : 3 833 076   766 625.

Wie die obige kleine Tabelle zeigt, beginnt der starke Zustrom seit 1850, also in der Zeit, wo der Staat in territorialer Beziehung fertig war. Die Verminderung des sechsten Jahrzehntes gegen das fünfte erklärt sich durch den Bürgerkrieg. Von da beginnt ein kräftiges Wachstum, das nach dem Rückschlag in letztem Jahrzehnt in dem neuen Jahrhundert eine gewaltige Fortsetzung erfahren hat. Daß sich gleich von vornherein der Zustrom aus ·verschiedenen Rassenbestandteilen zusammensetzte, war von größter Bedeutung, denn, wie bereits angedeutet, waren verschiedenartige Aufgaben zu lösen, denen eine in ethnographischer Beziehung einheitliche Einwanderung wahrscheinlich nicht gewachsen wäre. Besonders ins Gewicht fällt der Umstand, daß nicht nur Gewerbetreibende und Industriearbeiter, sondern auch gewöhnliche Handarbeiter und Landbauer kamen. Letztere setzten sich vornehmlich aus den Vertretern des Deutschtums und in zweiter Linie aus Skandinaviern (Schweden, Dänen, Norweger) zusammen, die sich vorzugsweise in den weiten Flächen am mittleren und oberen Mississippi festsetzten und dort die Landwirtschaft der gemäßigten Zone hochbrachten, die von da an die Hauptgrundlage der Gesamtwirtschaft bildet. Schweden und Norweger wandten sich vielfach in die ihnen aus ihrer alten Heimat vertrauten Diluviallandschaften an den Großen Seen, wo sie in den Holzbetrieben und Bergwerken eine sachgemäße Tätigkeit entfalteten.

Im Laufe der Jahrzehnte hat allerdings die ethnographische Zusammensetzung der Einwanderung bemerkenswerte Umänderungen erfahren. In den ersten drei Jahrzehnten (1821—50) des Zeitraums, auf den sich die amtliche Statistik bezieht, standen die Iren mit 42% der Gesamteinwanderung durchaus an erster Stelle; darauf folgten die Deutschen mit reichlich der Hälfte des irischen Betrages, weiterhin die Engländer; Kanada und Skandinavien lieferten nur wenig; andere Länder waren kaum vertreten. Seit 1850 trat das Deutschtum an die Spitze der Einwanderung und behauptete sich in dieser Stellung bis in die neunziger Jahre, obgleich sein Anteil, der in dem Jahrzehnt 1851/60 37 % ausgemacht hatte, allmählich sank und 1881/90 nur 28% betrug (1891/1900 blos noch 14% — 1905 : 40 574 Personen oder 4%). Noch stärker war der Rückgang des irischen Zuzugs, der sich seit 1850 ganz gleichmäßig senkte; 1851/60 stellte er noch 35 % der Gesamteinwanderung dar, 1891/1900 aber nicht mehr als 11%, 1905: 5%. Die Briten (Engländer, Schotten, Waliser), die in dem Jahrzehnt 1861/70 mit 26% ihr Höchstmaß erreicht hatten, ohne aber damit an die Spitze zu gelangen, gingen seitdem ebenfalls gleichmäßig zurück und lieferten 1891/1900 nur 8%; ebensoviel auch 1905. Kanada steigerte seine Beisteuer im Jahrzehnt 1871/80 zu 14%, um dann zu gänzlicher Bedeutungslosigkeit herabzusinken. Seit 1900 hat vielmehr eine entgegengesetzte Bewegung begonnen, insofern zahlreiche Landwirte aus der Union in das neuerschlossene Gebiet der kanadischen Prairien (Manitoba, Assiniboia, Alberta usw.) gezogen sind.

Während also die älteren Kontribuenten mehr oder weniger in den Hintergrund gerückt sind, sind an ihre Stelle die Vertreter von Völkern und Staaten getreten, die früher belanglos waren, nämlich Italien, Rußland, Österreich-Ungarn und Skandinavien. Italien, das im Jahrzehnt 1871/80 nur 2% beisteuerte, hatte sich 1891/1900 mit der relativen Mehrheit von 18% an die Spitze der Einwanderung gestellt. Ihm nahe steht die Entwicklung des europäischen Rußlands: 1871/80 mit 2 %, 1891/1900 17 %, ebenso diejenige Österreich-Ungarns: 1871/80 3 %, 1891/1900 16%. Skandinavien dagegen, das bereits 1851/60 mit 1% vertreten war, erreichte sein Höchstmaß 1881/90 mit 11 % und ging im nächsten Jahrzehnt auf 9% zurück, lieferte aber immer noch mehr als das sechsmal so stark bevölkerte Großbritannien. Die Verschiebung des Schwerpunktes der Einwanderung auf Italien und auf Osteuropa, die bereits gegen Ende des neunzehnten Jahrhunderts mit voller Deutlichkeit hervortrat, hat sich, soweit die Statistik reicht, auch im zwanzigsten weiter ausgebildet. Von den 1 026 499 Einwanderern des Jahres 1905 waren 221 479 aus Italien (22%), 275 693 aus Österreich-Ungarn (27 %) und 184 897 aus Rußland (18 %). Diese drei Länder stellten also zusammen volle zwei Drittel der Gesamteinwanderung und tragen somit erheblich zur Verstärkung der romanischen und slawischen Volksbestandteile bei. Welchen Einfluß die Verschiebung der Einwanderungsherde nach Süd- und Ost-Europa auf die Wirtschaft der Union haben wird, läßt sich jetzt noch nicht mit Bestimmtheit aussprechen, aber im allgemeinen liegt wohl die Annahme nahe, daß er nicht günstig sein wird.

Die Erweiterung des Staatsgebietes und die Vermehrung der Einwohnerschaft, wie wir sie eben besprochen haben, hätten aber doch eine so außerordentliche Wirkung auf die wirtschaftliche Gestaltung der Union nicht ausüben können, wenn sie nicht in die Zeit eines allgemeinen Aufschwungs gefallen wären, in ein

Zeitalter, das man schlechthin als das „wirtschaftliche" oder das „technische" zu bezeichnen pflegt. Die Fortschritte, auf denen dies Zeitalter der „technischen Wirtschaft" beruht, waren gemacht, bevor der neue transatlantische Freistaat entstand. Die Spinn- und Webmaschinen waren erfunden, die Dampfkraft war bereits auf den Betrieb derselben angewandt, die Heizung der Maschinen mit Steinkohlen schon erprobt, ehe sich der neuentstandene Staat endgültig organisiert hatte. Diese und andere epochemachenden Leistungen beruhen auf dem Grundsatze der Vereinigung der wissenschaftlichen Forschung mit der wirtschaftlichen Arbeit oder auf dem Streben, die Ergebnisse des tiefsten Nachdenkens und des sorgsamen Untersuchens auf das Erwerbsleben, insbesondere auf die Ausbeutung und Bearbeitung der Naturstoffe zu übertragen. Das Verdienst, diese neue Grundlage für das Völkerleben geschaffen und weiter ausgebildet zu haben, gebührt unstreitig dem Erdteil Europa. Daß Nordamerika die gewaltigen Fortschritte so schnell als möglich bei sich eingeführt und in tatkräftigster und mannigfaltigster Weise weiter ausgestaltet hat, ist ebenso sehr sein besonderes Verdienst wie sein Vorteil. Im Verhältnis zu den altweltlichen Anschauungen ist es aber insofern einen Schritt weitergegangen, als das allgemeine Volksbewußtsein die Wissenschaft als solche nur insoweit schätzt und fördert, als sie unmittelbar und rasch sichtbare und greifbare Ergebnisse darzubieten vermag. Wenn eine solche Auffassung von der Bedeutung der Wissenschaft auch berechtigtes Bedenken erregen muß, so läßt sich doch nicht verkennen, daß sie sehr viel zur raschen Bewältigung der vorliegenden wirtschaftlichen Aufgaben beigetragen hat und daß aus ihr ein entsprechender Teil des Verständnisses für den unvergleichlichen Aufschwung der nordamerikanischen Gesamtwirtschaft entspringt.

Der sichtbarste und wirksamste Vertreter der neuen wirtschaftlich-technischen Arbeitsform ist die selbsttätige Maschine. Ihrer haben sich die Amerikaner in der stärksten Weise und in mannigfachster Gestaltung bedient, um den gewaltigen Raum ihres Staatsgebietes zu beherrschen und seine vielseitige und reiche Begabung sich dienst- und nutzbar zu machen. Sie haben durch dieses herrliche Hülfsmittel nicht nur ihre physische Arbeitskraft außerordentlich vervielfältigt, sondern sie auch ungemein spezialisiert. Gleich die erste selbständige Erfindung auf dem Gebiete des Maschinenwesens: die Herstellung einer wirksamen Entsamungsmaschine für Baumwolle durch Eli Whitney im Jahre 1793, war von dem glänzendsten Erfolge begleitet. Nur durch diese „Sawgin" konnte die Union das erste Baumwolland der Erde werden und durch ihre späteren Verbesserungen es bleiben.

3*

Denn ohne sie hätte es, bei dem drückenden Mangel an ganz billigen menschlichen Arbeitskräften, unmöglich größere Mengen entsamter Rohbaumwolle in die Fabriken Englands und später ganz Europas liefern können, vielmehr wäre Indien bei seinem enormen Vorrate von billigen Arbeitskräften das erste Baumwollland der Erde geblieben, das es Jahrtausende hindurch gewesen war.

Zu den Großtaten der Union gehört auch die Herstellung des ersten Dampfschiffes durch Robert Fulton, das im Jahre 1807 auf dem Hudson verkehrte. Seine wichtigste Verwendung fand dieses neue Verkehrsmittel, soweit die Union in Frage kommt, nicht sowohl für den Außenverkehr, wenn schon ihre Handelsflotte für die Hochsee vor dem Bürgerkriege den zweiten Rang auf der Erde innehatte, als vielmehr auf den eigenen Strömen, Kanälen und Seen wie an den Küsten. Auf den Binnengewässern hat das Dampfschiff wahre Pionierarbeit geleistet. Ihm verdankt in hohem Grade New York City seine vorherrschende Stellung, weil der Eriekanal einerseits den Zugang zu den Großen Seen und damit in den Nordwesten erschloß, anderseits zum Ohio führte, der wiederum eine bequeme Bahn zum Mississippi öffnete und damit zur Mitte des Landes wie zum Süden. Für die Aufschließung und Wirtschaftsgestaltung der Mississippiufergebiete und weiterhin hat diese Schiffahrt in der Tat eine ausschlaggebende Rolle gespielt, eine Rolle, die allerdings der Geschichte angehört, da die Eisenbahn an ihre Stelle getreten ist und nur noch kleine Reste übrig gelassen hat.

Die Eisenbahn, in England in ihren wesentlichen Charakterzügen begründet, aber sehr rasch nach der Union übertragen, wurde hier das Verkehrsmittel schlechthin, denn sie gab allein die Möglichkeit, die ungeheuren Räume, auch abseits von den Wasserstraßen, zu verbinden, die wirtschaftsfähige Menschheit in alle ihrer bedürftigen Landesteile zu führen und ihre Arbeit, welcher Art sie auch sein mochte, lohnend zu gestalten. Ohne Eisenbahn kein wirtschaftlicher Aufschwung im heutigen Sinne! Daß die Eisenbahn aus den rudimentären Anfängen, in denen sie im Jahre 1830 über den Ozean kam, zu den verschiedensten Aufgaben der Personen- und Frachtbeförderung ausgebildet wurde, von denen man in Europa lange Zeit kaum eine Ahnung hatte, ist mit Recht der besondere Stolz der Amerikaner. Eine Großtat ersten Ranges, von ebensoviel Umsicht und Weitblick wie von Tatkraft und Unerschrockenheit zeugend, war die im Jahre 1869 vollendete erste Überlandbahn, welche die Union im wirtschaftlichen und politischen Sinne eigentlich erst auf die richtige Grundlage setzte. Mit Staunen vernahm man damals in Europa, welche ungeheure Entfernungen man drüben nicht nur in einem Zusammenhange zurückzulegen vermochte, sondern auch mit welcher Bequemlichkeit für die Reisenden dies geschah. Speise- und Schlafwagen sowie viele andere Annehmlichkeiten, welche man in Europa lange Zeit hindurch nur dem Namen nach konnte, sind das Werk des zielsicheren Amerikaners.

Wenn man bedenkt, daß das Zweckbewußtsein die Grundlage und die Triebfeder seiner wirtschaftlichen Arbeit bildet, so wird man begreifen, daß der Amerikaner Geräte, so wertvoll und kostspielig sie auch sein mögen, nur solange schätzt und anwendet, als sie dem beabsichtigten Zwecke entsprechen und zurzeit die besten sind. Stehen wirksamere und neuere zur Verfügung, so wirft er jene leichten Herzens beiseite, mögen sie ihm auch noch so lange gedient und noch so große Erfolge herbeigeführt haben. Aus diesem auf den ersten Blick gefühllosen Verhalten erklärt sich großenteils der Vorwurf der Pietätlosigkeit und des unhistorischen Sinnes, den man dem Amerikaner vielfach macht im Gegensatz zu dem gemütvollen Verhältnis, in dem die Altweltler zu ihren Werkzeugen wie zu ihrer landschaftlichen Umgebung zu stehen pflegen oder pflegten. Aber bei näherem Zusehen wird man unschwer verstehen, daß nur immer das jeweilig Beste gerade gut genug gelten kann, um die ungewöhnlich großen und weitreichenden Aufgaben lösen zu helfen.

Dieses Beste zu besitzen oder wenigstens in irgend einer Beziehung das Höchste zu leisten und an der Spitze einer Sache zu stehen, bildet das unbedingte Streben eines jeden echten Amerikaners. Aus diesem wesentlichen Charakterzuge entspringt einerseits seine unüberwindliche Neigung zu übertreibender Anpreisung (Reklame) wie sein naiver Glaube daran, anderseits die Notwendigkeit, die wirtschaftliche Arbeit bis ins Einzelnste und Kleinste zu spezialisieren.

Wer überzeugt ist, daß er in irgend einer Hinsicht das Beste besitzt oder das Beste zu leisten vermag, der muß nach amerikanischer Auffassung mit allen Mitteln und mit äußerster Anstrengung danach streben, seine eigene Überzeugung oder wenigstens den Schein derselben seinen Mitmenschen beizubringen; er darf nichts unversucht lassen, dieses Ziel zu erreichen. Daher rührt die in altweltlichem Sinne, teils marktschreierische, teils groteske Reklame nicht nur der eigentlichen Erwerbskreise: der Händler und Fabrikanten, sondern auch der Vertreter der Wissenschaft und öffentlichen Erziehung: der Ärzte, der Lehrer, der Geistlichen usw. Weil diese Auffassung der Dinge eben allgemein verbreitet ist, so findet die Reklame auch dann noch Glauben, wenn sie ihn offensichtlich nicht verdient. Denn wer nicht mit aller Kraft und auf jede Weise für seine Sache eintritt, von dem nimmt man an, daß er selbst sie eben nicht für die beste und empfehlenswerteste hält. Dieser mitunter geradezu unbegreifliche Glaube an die Reklame hängt aber aufs engste mit der Spezialisierung der wirtschaftlichen Arbeit zusammen, die drüben früher und viel weiter ausgebildet ist als diesseits des Atlantischen Ozeans. Das dringende Bedürfnis, umfangreiche Aufgaben rasch in Angriff zu nehmen, ließ und läßt es nicht zu, der Erwerbstätigkeit eine längere und auf eine breitere Grundlage gesetzte Vorbereitung vorauszuschicken. Für das, was wir Allgemeinbildung nennen und was in wissenschaftlicher Erziehung eine so große, wenn auch vielfach mißverstandene Rolle spielt, hatte der Amerikaner ursprünglich durchaus kein Verständnis und, abgesehen von einigen engeren Kreisen, hat er es auch jetzt noch nicht. Wer etwas tut, das bezahlt werden soll, muß es nach amerikanischer Auffassung, mag er so jung oder sonst sein wie er will, in einer gewissen Vollendung zustande bringen, sonst kann er nicht darauf rechnen, dauernd beschäftigt zu werden. Daher sucht sich jeder eine Tätigkeit in enger Begrenzung aus, in der er eine gewisse Vollendung rasch und sicher erreichen kann. Ist er dazu imstande, so traut er das gleiche auch seinem Mitmenschen zu und schenkt ihm Glauben. Dazu ist er aber auch gezwungen, weil ihm die Sonderkenntnis der meisten andern Tätigkeiten, die seinen Arbeitszweig berühren oder ihm fern stehen, vielfach abgeht.

Auf der Grundlage der Spezialisierung oder der weitest getriebenen Arbeitsteilung bauen sich die meisten Formen der amerikanischen Wirtschaft auf, die kleinsten wie die größten, namentlich auch die viel besprochenen und die neuerdings im Lande selbst stark angefeindeten Trusts. Gewiß, daß sie vielfach übertrieben worden sind und daß sie in nicht wenigen Fällen großen Schaden angerichtet und gar manche Einzelexistenzen zerstört haben, aber ebenso gewiß, daß sie aus den besonderen Vorbedingungen des amerikanischen Arbeitswesens mit Naturnotwendigkeit hervorgingen, wenn anders gewisse wirtschaftliche Aufgaben mit Aussicht auf Erfolg in Angriff genommen werden sollten. Sicherlich zielten die Trusts ursprünglich nicht auf monopolistische Herrschaft und auf gründliche Unterdrückung jedes Mitbewerbs hin, wie es neuestens vielfach der Fall ist, sondern sie waren bei der augenblicklichen Wirtschafts- und Marktlage die entsprechende Form der Ausbeutung eines Bodenschatzes oder der Verfolgung einer sonstigen größeren Aufgabe. Diese erforderte jedenfalls bei den in der Regel ungeheuren Entfernungen zwischen dem Platze der Ausbeutung und der Stelle der Bearbeitung oder des Verbrauchs besondere Hülfsmittel und Zurichtungen, also die Aufwendung gewaltiger Geldsummen, die nach wirtschaftlicher Vernunft nur dann aufgebracht werden konnten und durften, wenn die Aussicht gewährleistet wurde, oder vorhanden zu sein schien, daß sich die Auslagen früher oder später ausreichend bezahlt machen würden. Alle die riesenhaften Trusts, welche jetzt den größeren Teil der Industrie, des Handels und des Verkehrs umfassen, sind in ihrer Gesamtheit wie in ihren Einzelheiten Spezialschöpfungen, jeder Zweig ist seiner besonderen Aufgabe angepaßt, jedes Hülfsmittel eigens dafür erfunden und mit besonderen Arbeitern besetzt. Diese Verhältnisse näher zu beleuchten und an geeigneten Beispielen klar zu legen, wird sich später Gelegenheit bieten.

Daß der Geist des amerikanischen Wirtschaftslebens sich auch in der Regierung des Gesamtstaates wie der einzelner Teile desselben geltend machen würde, ist leicht zu verstehen, denn das hängt auf das innigste mit der Auffassung zusammen, die der Amerikaner von dem Staatsbegriffe hat. Für ihn ist der Staat eben nicht ein Sonderwesen, das im Verhältnis zur Gesamtheit seiner Angehörigen eine besondere Selbständigkeit beansprucht und sich jener in dieser Eigenschaft gegenüberstellt, sondern er ist nichts weiter als die Gesamtheit der Bürger oder Teilhaber. Seine Aufgabe darf also nicht darin bestehen, in die Erwerbstätigkeit des Einzelnen einzugreifen oder diese in bestimmte Bahnen zu leiten oder gar gewisse Wirtschaftszweige selbst zu betreiben, vielmehr soll er nur solche Aufgaben in die Hand nehmen, die weder der Einzelne noch die Vereinigung von Einzelnen zu Erwerbs- und Betriebsgesellschaften zu lösen vermag. Die amerikanische Gesamtwirtschaft ist daher von Hause aus eine Volks- (Bevölkerungs) wirtschaft im strengen Sinne des Wortes, aber keine Staatswirtschaft in Europäischem Sinne. Daher gibt es keine Staatsbahnen, keine Staatskanäle, keine Monopole usw.

Und doch ist die Regierung der Union in höherem Maße wirtschaftlich organisiert oder mit wirtschaftlichen Aufgaben betraut als dies in der Alten Welt der Fall ist. Von den acht Ministerien oder Departements, aus denen sich die Zentralregierung in Washington ursprünglich zusammensetzte: Auswärtiges, Finanzen, Armee, Flotte, Inneres, Landwirtschaft, Post und Justiz, und zu denen im Jahre 1903 das neu geschaffene Handelsministerium hinzugekommen ist, ist außer dem Justizministerium keins, das nicht irgendwie mit der Volkswirtschaft zu tun hätte. Das Ministerium des Auswärtigen (State department) hat z. B. das vorzüglich organisierte Konsulatswesen unter sich, das jährlich wertvolle und eingehende Berichte über die wirtschaftlichen Vorgänge in der Außenwelt liefert, ähnlich wie es auch in den fortgeschrittenen Staaten Europas geschieht (Deutsches Reich, Großbritannien, Österreich-Ungarn, Belgien, Frankreich). Aber im Gegensatz zu diesen veröffentlicht die Regierung diese Konsular-Reports auf ihre Kosten und stellt sie allen Beteiligten unberechnet und postfrei zur Verfügung. Zu dem Ministerium des Innern gehören u. a. das Landamt, die geologische Landesaufnahme und das Zensusbureau. Das Landamt verwaltet die öffentlichen Ländereien und besorgt den Verkauf derselben; zugleich entscheidet es über Ansprüche, welche von Privaten oder Körperschaften an das Staatsland gemacht werden. Von hervorragender Wichtigkeit ist die geologische Landesaufnahme (Geological Survey), denn sie untersucht das Land nicht nur nach geographischen und geologischen Gesichtspunkten, sondern stellt auch die verhältnismäßig genauesten und zuverlässigsten Karten her, entsprechend unseren Generalstabskarten, und verbreitet zahlreiche wertvolle Drucksachen. Das Zensusbureau, neuerdings dem Handelsministerium zugeteilt, veranstaltet von Zeit zu Zeit, in der Regel alle zehn Jahre, eingehende Untersuchungen und spezielle Aufnahmen der gesamten wirtschaftlichen Vorgänge; seine Veröffentlichungen bilden daher die ausgiebigsten und verhältnismäßig zuverlässigsten Quellen für die Kenntnis der amerikanischen Volkswirtschaft. Niemand, der sich damit befaßt, kann die Zensusberichte entbehren.

Dem Schatzamte waren ursprünglich außer den Geldsachen des Bundes auch die Angelegenheiten des Handels, der Schiffahrt, der Küstenaufnahme, der Küstenbeleuchtung und die Ordnung von Maß und Gewicht unterstellt; seit 1903 unterstehen diese Verwaltungszweige dem Handelsministerium. Dem Kriegsamte ist u. a. die Verbesserung und Instandhaltung der Wasserstraßen zugewiesen. Von dem Marineamt sind das astronomische Observatorium in Washington und das hydrographische Bureau abhängig; diese sind Zweige des Bureau of Navigation, dem auch die Lieferung von Seekarten und Chronometern sowie die Herausgabe des nautischen Almanachs obliegt. Ausschließlich wirtschaftlichen Charakter tragen das Postamt und vor allem das großartig eingerichtete Landwirtschaftsministerium, über dessen zahlreiche Teile und segensreiche Wirksamkeit später noch gesprochen werden wird.

Wie bei der Zentralregierung, ist auch bei den Regierungen der Einzelstaaten dafür Sorge getragen, daß die jeweiligen im Vordergrunde stehenden Zweige und die brennenden Fragen der Wirtschaft ihre volle Berücksichtigung finden. Die Beamten aller dieser Institute sind durchaus entgegenkommend und haben sehr

selten etwas von der bureaukratischen Selbstherrlichkeit und
Schroffheit, die den Verkehr mit den Vertretern der öffentlichen
Gewalt anderswo so schwer und häufig unersprießlich macht.
Sie sind sich eben bewußt, daß sie laut der Verfassung für die
öffentliche Wohlfahrt zu sorgen haben, und wenn sie das ver-
gessen sollten, so würden sie rasch von dem Schauplatz ihrer
Tätigkeit verschwinden. Daß eine gewisse, oft weitreichende
Korruption unter den amerikanischen Beamten herrscht, soll nicht
geleugnet werden, aber dieser beklagenswerte Fehler bezieht sich
nicht auf den Verkehr mit dem Publikum, sondern hängt mit
Ursachen zusammen, die außerhalb des Rahmens unserer Aufgabe
liegen und daher hier nicht erörtert werden können.

Allgemein bekannt ist die Opulenz, mit der die staatlichen
Drucksachen hergestellt, und die Freigebigkeit, mit der sie an
alle Beteiligten übersandt werden, gleichgültig, welches Standes
und welches Landes sie sind. Denn wer irgend eine Veröffent-
lichung haben will, braucht sich bloß mit einem Gesuche an die
zuständige Stelle zu wenden, und er kann sicher sein, sie zu erhalten, ohne einer Einführung oder einer Empfehlung zu bedürfen.

Am Schlusse dieses Kapitels sei noch darauf hingewiesen,
daß auch bei der öffentlichen Erziehung auf die Ausbildung zu
wirtschaftlicher Arbeit in höherem Grade Rücksicht genommen
wird als dies in der Alten Welt geschieht. Abgesehen von zahlreichen Sonderschulen gibt es kaum eine größere Anstalt, in der
nicht Anleitung zu gewerblicher Arbeit gegeben wird, und was
man drüben Universität nennt, das deckt sich vielfach mit dem
Begriffe unserer gewerblichen Mittelschulen. Auch in den Fällen,
wo sich die Universitäten nach Umfang und Ziel der wissenschaftlichen Ausbildung den altweltlichen nähern, gehört meistens
die wirtschaftliche Technik in der oder jener Form zu den Unter-
richtsgegenständen. Auch bei den öffentlichen Sammlungen für
Wissenschaft und Kunst ist die Rücksicht auf das Erwerbsleben
kaum jemals bei Seite gesetzt. Manche Institute, wie z. B. das
ausgedehnte und gut geleitete Handelsmuseum zu Philadelphia,
stehen ausschließlich im Dienste der Wirtschaft.

III

Gesamtbild der Wirtschaft der Union und ihrer Hauptteile.

Bei der Betrachtung des Erwerbslebens eines Gebietes kann man von verschiedenen Gesichtspunkten ausgehen, unter denen für unseren Zweck naturgemäß der geographische und der wirtschaftliche in erster Reihe stehen, während andere wie der technische, der soziale und national - politische nur gestreift werden können. Bei dem geographischen Gesichtspunkt nimmt die Örtlichkeit, bei dem wirtschaftlichen der Umkreis der das Erwerbsleben ausmachenden Tätigkeiten das Hauptinteresse in Anspruch.

Von geographischem Standpunkte aus zerfällt, wie aus den Darlegungen des ersten Kapitels hervorgeht, der Staatskörper der Union (ohne Alaska) in zwei Hauptteile: den Osten und den Westen, denen vermöge ihrer von einander abweichenden Naturbeschaffenheit verschiedenartige wirtschaftliche Aufgaben zugewiesen sind. Dazu gesellt sich als eine Art Anhängsel das pazifische Küstenland.

Der Osten, der bis an den Fuß des Felsengebirges reicht, ist zwar hauptsächlich für Waldausbeute, Fischerei, Pflanzenbau und Tierzucht veranlagt, aber er gibt vermöge seines Reichtums an Kohle und Eisen, an Kupfer und Blei, an Zink und Petroleum die beste Gelegenheit zu Bergbau und industrieller Tätigkeit. Dadurch, daß er auf drei Seiten vom Wasser begrenzt ist: im Osten vom Atlantischen Ozean, im Süden vom mexikanischen Golf, im Norden von den Großen Seen, ist er ausgezeichnet für Verkehrsentwicklung nach innen und außen begabt und wird darin wiederum durch die großartigen Lager von Kohle und Eisen, welche die für die Verkehrsmittel nötigen Rohstoffe liefern, in hervorragendster Weise unterstützt. Der Osten würde somit ein Wirtschaftsgebiet von idealer Vollendung sein, wenn er mehr Edelmetalle: Gold und Silber besäße als er hat.

Mit diesen wichtigen Naturschätzen ist der trockene gebirgige und verkehrsschwierige Westen ausgerüstet, den wir von.

dem Ostflusse des Felsengebirges bis an den Kamm der pazifischen Hauptgebirgskette: Sierra Nevada von Kalifornien und Kaskadengebirge rechnen, im übrigen aber fehlen fast alle Voraussetzungen für eine selbständige Wirtschaftsentwickelung. Wertvoll wird er daher durch Angliederung an den Osten, dem er anderseits eben durch seinen Reichtum an Edelmetallen eine notwendige Ergänzung gewährt.

Das pazifische Küstenland, von der pazifischen Hauptgebirgskette bis zum Stillen Ozean reichend, ist eine kleine Welt für sich, ein wirtschaftlicher Mikrokosmos des Gesamtstaates, denn er vereinigt in sich alle wesentlichen Eigenschaften und läßt kaum einen ernstlichen Wunsch unerfüllt. In seinen Gebirgen besitzt das pazifische Küstenland fast alle überhaupt bestehenden mineralischen Stoffe und ungeheure, höchst wertvolle Waldungen; in seinen Flüssen wimmelt es von Fischen. Die Talebenen und Berglehnen tragen Wiesen und Weiden für Viehhaltung, eignen sich aber auch zu verschiedenartigem Pflanzenbau, namentlich zur Gewinnung von Edelobst und Südfrüchten. Die mannigfaltigen Rohstoffe aller drei Naturreiche bilden die Voraussetzung für die zukünftige Entfaltung der Industrie, die Küste öffnet sich mehrfach für den Außenverkehr. Unter allen größeren Teilen der Union würde sich das pazifische Küstenland am besten für die Organisation eines selbständigen Staates eignen, denn er ist tatsächlich nach allen Himmelsrichtungen durch scharfe Naturgrenzen abgesondert und selbständig hingestellt: im Norden, Westen und Süden durch das Meer, im Osten durch eine großartige Folge von Wüstensteppen und hohen Gebirgen, wie sie sich in potenzierter Form nur in Hochasien wiederfindet. Aber auch als Teil des Gesamtstaates ist das pazifische Küstenland von höchster Wichtigkeit und setzt dem Ganzen erst die Krone auf, denn er bildet das idealste Abschlußstück nach Westen hin und bietet zugleich die Möglichkeit, den Verkehr auf dem Stillen Ozean in beliebiger Richtung und Ausdehnung zu entfalten. Die Opfer, welche gebracht worden sind, um zur Anknüpfung dieser Perle die Eisenbahn über Gebirge und durch Wüstensteppen zu führen, haben sich tatsächlich schon jetzt glänzend gelohnt und werden in Zukunft noch reichere Erträge liefern.

Im Verhältnis zu dem Westen und zu dem pazifischen Küstenland ist der Osten zu groß und zu mannigfaltig, um ihn nicht in mehrere Unterabteilungen zu zerlegen. Wir stellen deren drei auf: den Nordosten, den Süden und das Mississippiland, die neben manchen gemeinsamen Eigenschaften wie Reichtum an Wald und Mineralien auch eine Reihe von Besonderheiten aufweisen, allerdings ohne daß die Grenzen so haarscharf gezogen werden könnten, wie dies bei den Hauptteilen der Fall ist, namentlich wenn die Verschiedenheit ganz oder vorzugsweise durch das Klima hervorgerufen wird.

Der Nordosten, welcher mit den Gebieten von Neu-England und der Mittelatlantischen Staaten zusammenfällt, aber auch Abschnitte der beiden Virginien, Marylands und des oberen Ohiobeckens mit umfaßt, ist wegen seiner Beschaffenheit für Bodenanbau und extensive Viehhaltung in größerem Maßstabe nicht geeignet, bietet aber wegen seines enormen Reichtums an Kohlen und Petroleum und wegen seines ansehnlichen Vorrates an Eisen eine vorzügliche Grundlage für die Entwicklung der Fabrikindustrie und in Verbindung mit seiner hafenreichen Küste und der Nähe der Großen Binnenseen die Veranlassung zur mannigfaltigsten Ausgestaltung des Verkehrs. Tatsächlich liegen hier die großen Mittelpunkte für Industrie und Verkehr wie Groß-New York, Philadelphia, Boston und Baltimore, welche den größeren Teil der Beziehungen zum Auslande in sich vereinigen. An der Küste des Nordostens befinden sich auch die ergiebigsten Gewässer für Hochseefischerei.

Von unschätzbarem Werte für die rasche und wirksame Entfaltung des Binnenverkehrs war die Anordnung der sogenannten „schwarzen Metalle" bei einander und in großer Nähe der Ostküste, an der die Einwanderungswellen branden. Mit den schwarzen Metallen konnten vor allem die Eisenbahnen gebaut werden, welche das unerläßliche Menschenmaterial eiligst in das Innere schaffen und dadurch die in vielen Beziehungen bedenkliche Aufstauung an der Küste zwar nicht ganz verhindern, aber doch erheblich abschwächen können. Denkt man sich, daß die Lager von Eisen und Kohle nicht an den Stellen gewesen wären, wo sie sind, so hätte die Binnenbewegung der Einwanderer nach Westen nicht mit der Schnelligkeit vor sich gehen können, wie sie geschehen ist und im Interesse des allgemeinen wirtschaftlichen Fortschrittes unbedingt nötig war. Wohl stand die Wasserstraße der Großen Seen zur Verfügung, aber abgesehen davon, daß sie ursprünglich an manchen Stellen schwierig war und daß ihre Umgebungen nur zur Hälfte zum Staatskörper der Union gehören, sind ausgedehnte Flächen wie namentlich die Uferländereien des Oberen Sees wegen ihrer felsigen Beschaffenheit zur Aufnahme einer größeren Menschenmenge nicht geeignet. Der Zuzug in das ungemein fruchtbare Land am oberen Mississippi und am Red River des Nordens wäre jedenfalls stark ins Stocken geraten oder vielleicht für längere Zeit ganz ausgeblieben. Denkt

man sich anderseits, daß der Zuzug der Einwanderer nicht von
Osten, sondern von Westen hergekommen wäre, so wäre durch
die ungeheure Folge von Wüstensteppen und Hochgebirgen seiner
Verbreitung nach Osten ein gebieterisches Halt zugerufen worden.
Hinwiederum war es der ungeheure Reichtum an leicht ausbeut-
baren Edelmetallen, der die Menschen aus dem Osten in den
unwirtlichen Westen lockte und teilweise auch festhielt.

Durch einen Glücksumstand ersten Ranges, nämlich durch
das Zusammentreffen des Einwandererstroms mit den großen
Eisen- und Kohlenlagern, wurde der Nordosten der Sitz der wirtschaftlichen Hochkultur und der bislang stärksten Volksverdich-
tung, zugleich aber auch der politischen Herrschaft und der maß-
gebenden nationalen Bestrebungen. Tatsächlich drängt sich hier
der größte Teil der Gesamtbevölkerung und des Nationalver-
mögens zusammen. In den führenden Staaten New York, Pen-
sylvanien und Massachusetts steckt gewissermaßen die oberste
Leitung der Volkswirtschaft, der Kopf der Vereinigten Staaten.
Von hier verbreiten sich nicht nur die Eisenbahn- und Tele-
graphenlinien über die übrigen Teile der Union, sondern auch die
fruchtbaren Gedanken und die großen Unternehmungen.

Rechnet man zu dem Nordosten mit E. Deckert noch das
obere Mississippigebiet dazu, so erhält man ein Areal von
1 614 350 qkm (21%) mit 44 Mill. Einwohner (58%) und einer
Volksdichte von 27 Personen. Von der Kohlenproduktion entfielen 1900 auf diesen Raum 73%, von der Roheisenproduktion
77%, von dem Petroleum 70, vom Salz 82%, vom Mais 57%,
vom Weizen 47%, vom Hafer 76%, von Farmrindern 40%, von
Milchkühen 60 %, von den Pferden 61 %, von den Schweinen
54 %, von den Industrieerzeugnissen 81 %, von den Maschinenkräften 74%, von den Baumwollspindeln 76%, von dem gesamten
Steuerwerte 75%, von den Großstädten 74 %.

Der Süden im historischen Sinne oder der geographische
Südosten, der die Staaten südlich des 37. Parallels (die alten
Sklavenstaaten, den Baumwollgürtel) umfaßt, steht zwar dem
Nordosten an Alter seiner wirtschaftlichen Entwicklung nicht nach,
wohl aber an Intensität und Mannigfaltigkeit. Obschon auf zwei
Seiten vom Meere umgeben und in der Mitte vom Mississippi
mit seinen Tributären durchströmt, hat der Außen- und Binnenverkehr ein gewisses Mittelmaß nicht überschritten und sich im
Allgemeinen auf Spezialitäten beschränkt. Ein Verkehrsplatz
ersten Ranges ist nicht vorhanden. Vermöge seiner Oberflächen-
und Bodenbildung und seines Klimas ist der Süden in vorzüg-
lichster Weise für Bodenanbau beanlagt, namentlich für Hervor-
bringung subtropischer Nutzgewächse, aber eine führende Stellung

hat er doch nur in dem Anbau von Baumwolle gewonnen und behauptet. Hervorragend ist in dem nördlichen Grenzgebiete noch die Gewinnung von Tabak. Andere Kulturpflanzen wärmerer Gegenden wie Zucker, Reis, Südfrüchte usw. kommen zwar vor, aber es wird nach Menge nichts Hervorragendes geleistet.

Einen großen Teil der Schuld an der Tatsache, daß der Süden hinter dem Nordosten soweit zurücksteht, trägt die Zusammensetzung der Bevölkerung, welche im Grunde auch den Gang seiner Geschichte, insbesondere die furchtbare Katastrophe in den sechziger Jahren des vorigen Jahrhunderts herbeiführte. Der Neger, der einen so bedeutenden Anteil an der Bevölkerung des Südens ausmacht, besitzt im Vergleich zu dem typischen Amerikaner kein wirtschaftliches Streben, und als er im J. 1862 durch den damaligen Präsidenten Abraham Lincoln persönliche Freiheit und politische Gleichheit erhielt, geriet der Süden in eine wirtschaftliche Schwäche, die etwa zwei Jahrzehnte anhielt und aus der er sich nur langsam erholen konnte. Wohl ist seitdem der Fortschritt unverkennbar, namentlich seit den letzten fünfzehn Jahren, aber mit dem des Nordostens und der Mississippilande verglichen, nimmt er sich noch bescheiden aus und beschränkt sich im wesentlichen auf die Erweiterung des Baumwollbaues, die Ausbeute der Wälder und die Begründung oder Weiterbildung einiger Industriezweige, namentlich der Eisen- und Baumwollverarbeitung. In der Verspinnung von Baumwolle ist es letzthin soweit gekommen, daß der Süden ebensoviel Rohstoff verbraucht wie der Nordosten, wenn er diesen an Spindelzahl auch noch lange nicht erreicht hat. Zu den Ursachen der langsamen Entwicklung des Südens gehört natürlich auch der Umstand, daß ihm die Einwanderung nur in geringem Maße zugute kommt. Aus klimatischen und anderen Gründen meiden ihn namentlich die robusten und arbeitsamen Mittel- und Nordeuropäer und auch die neuerdings in so großen Scharen erscheinenden Süd- und Osteuropäer siedeln sich mehr im Norden an.

So kommt es, daß der Süden auf seinen 2 155 817 qkm (27 % des Gesamtareals) nur 23 733 138 Seelen (31 % der Gesamtbevölkerung, etwa halbsoviel wie der Norden, s. S. 45) und eine mittlere Dichte von 11 Personen auf dem Quadratkilometer aufweist. Von der Gesamtgewinnung an Tabak entfallen auf den Süden 80 %, von Mais 23 %, von Weizen 18 %, von Hafer 10 %, von Maultieren 70 %, von Rindern 28 %, von Schweinen 28 %, von Milchkühen 24 %, von Pferden 21 %, von der Kohlenförderung 18 %, von Roheisen 19 %, von Stahl 12 %, von der Gesamtindustrie 13 %, von den Baumwollfabrikaten 28 %, von den Wollfabrikaten 2 %, von den Maschinenkräften 20 %, von den

Eisenbahnlinien 26 %, von dem gesamten Steuerwert 16 %, von den Großstädten 12% (5 von 39). Wenn oben die Veranlagung des Südens für Bodenanbau als hervorragend bezeichnet wurde, so fehlt es doch nicht an ernstlichen Einschränkungen. Dahin gehören die starke Wucherung des Unkrauts, scharfe Frühlingsfröste, anhaltende Sommerregen, verwüstende Überschwemmungen, endlich zahlreiche tierische Schädlinge wie die Baumwollmade (Aletia xylina), die Tabakmade (Macrosila carolina), der Getreiderost (Ustilago segetum), die Hessenfliege (Cecidomyia destructor), der Coloradokäfer (Doryphora decemlineata), die Apfelfäule (Gloeo-sporium fructigenum) u. a.

Die dritte Abteilung des Ostens, das Mississippiland, im Sinne des mittleren und oberen Stromgebietes, durch den vollständigen Mangel an höheren Gebirgen vor den übrigen Hauptteilen der Union gekennzeichnet, bietet auf seinen teils ebenen teils hügeligen Flächen von gewaltiger Ausdehnung die ausgiebigste Gelegenheit zum erfolgreichen Betriebe von Ackerbau und Viehzucht, und tatsächlich bilden diese Tätigkeiten schon jetzt die Grundlage und das wesentliche Merkmal der Wirtschaft, obwohl die Besiedelung kaum älter als 50 Jahre ist. Hier gedeihen alljährlich die ungeheuren Massen von Mais, Weizen und Hafer, welche weit über den Gesamtbedarf des Staates steigen, hier weiden jene große Herden, die in den Mittelpunkten der Großschlächterei mit rasender Schnelligkeit zu den verschiedensten Bedarfsgegenständen umgestaltet werden. Hier lagern auch riesige Massen von Eisenerz und Kohle, aber ein sehr fühlbarer Mangel besteht darin, daß die beiden auf einander angewiesenen Minerale örtlich nicht eng vergesellschaftet sind wie im Nordosten, sondern durch große Entfernungen von einander getrennt: die Kohle am mittleren Mississippi südlich des Michigansees, Eisen wie auch Kupfer in den Umgebungen des Oberen Sees. Der Gang der Entwicklung hat es aber mit sich gebracht, daß die ungeheuren Massen Eisenerz vom Oberen See meist nach Pennsylvanien gehen und dem eigenen Wirtschaftsgebiete nicht unmittelbar zugute kommen. Daher kann auch das Missippiland auf dem Felde der Industrie hinsichtlich der Mannigfaltigkeit der Erzeugnisse mit dem Nordosten nicht in Wettbewerb treten, sondern muß sich damit begnügen, seine eigenen Rohstoffe zu verarbeiten (Großschlächterei, Müllerei, Sägerei) sowie die dazu nötigen Geräte und Maschinen herzustellen. Aber wegen seiner gewaltigen landwirtschaftlichen Produktion und wegen des durch die Lage bedingten sehr bedeutenden Verkehrs gebührt dem Mississippilande doch der zweite Rang unter den natürlichen Wirtschaftsgebieten der Union. Dieser kommt sowohl in der

Bevölkerungsdichte als auch in der Gestaltung des Städtewesens zum Ausdruck. Während natürlich der Nordosten zwei Riesenstädte (über 1 Mill.: Groß New York und Philadelphia) und zwei über 500 000 Seelen (Boston und Baltimore) enthält, besitzt das Mississippiland gerade die Hälfte davon, je eine der beiden Klassen, die weder im Süden noch im Westen vertreten sind. Die wirtschaftliche Hauptstadt ist Chicago, dessen rasches Wachstum in seinen Bürgern eine zeitlang die Hoffnung nährte, sogar Groß New York überflügeln zu können. Wenn sich diese nun auch nicht erfüllt hat, so besitzt doch Chicago den zweiten Rang unter den Städten der Union und hat ältere Siedelungen wie Philadelphia, Boston, Baltimore, New Orleans usw. weit überholt.

Gegenüber den Leistungen der bisher betrachteten natürlichen Wirtschaftsgebiete treten diejenigen des Westens ungemein zurück, selbst wenn man das fast ideal veranlagte pazifische Küstenland miteinrechnet. Auf 4 051 446 qkm (52%) der Gesamtheit) wohnen nur reichlich 8 Millionen Menschen (11%), also zwei Personen auf dem Quadratkilometer. Von der Gesamtgewinnung an Gold, Silber und Quecksilber entfällt zwar alles auf den Westen, von Kupfer und Blei etwa ein Viertel, von den Schafen drei Fünftel, aber in allen übrigen Dingen bleibt er hinter den übrigen Wirtschaftsgebieten zurück. Von Kohle liefert er 9%, von Eisen 1%; von den Pferden stellt er 34%, von den Rindern 32, von den Schweinen 18%, von der Industrie 5%, von dem gesamten Steuerwerte 10% und von den Großstädten ebensoviel.

Schon aus den bisherigen Betrachtungen geht hervor, daß sich die Wirtschaft der Vereinigten Staaten durch Vollständigkeit und Mannigfaltigkeit auszeichnet. In der Tat sind alle Hauptteile: Rohproduktion, Verarbeitung und Ortsbewegung (Handel und Verkehr) mit allen ihren Verästelungen und Verzweigungen vertreten und meist auch zu glänzender Höhe entfaltet. Tatsächlich ist das Nationalvermögen beständig gestiegen und hat eine sehr beträchtliche Höhe erreicht. Nach den Angaben der offiziellen Statistik gestaltete sich der Fortschritt des Volksreichtums und die Verteilung auf der Kopf der Bevölkerung seit 1850 wie folgt:

	Mill. Doll.	auf den Kopf Doll.	Mark
1850	7 136	308	1293
1860	16 160	514	2159
1870	30 068	780	3276
1880	42 642	850	3570
1890	65 037	1038	4360
1900	94 300	1236	5390

Legt man den mittleren Fortschritt der Jahrzehnte 1890 bis 1900 zu Grunde, so berechnet sich der Volksreichtum für 1905 auf mindestens 110 Milliarden Dollar oder 462 Milliarden Mark, auf den Einzelnen entfällt somit ein Betrag von mindestens 5500 Mark.

Die Rohproduktion des Mineralreichs ist so vielseitig und reich, daß kein anderer Erdteil, geschweige denn irgend ein Einzelland den Vergleich mit der Union aushalten könnte. In der Tat fehlen nur einige wenige Gegenstände und einige wenige kommen in nicht genügender Menge vor. Dagegen sind viele andere in ungeheurer Menge vorhanden und reichen weit über den Eigenbedarf hinaus. In der Gewinnung von Kohlen und Eisen, Gold und Kupfer behauptet die Union seit längerer Zeit den ersten Rang, in Silber wetteifert es mit Mexiko, in Petroleum mit Rußland, in Zink mit Deutschland, in Quecksilber mit Spanien. Wesentlicher Mangel herrscht eigentlich nur in Zink und Edelsteinen, aber diesen teilt es mit vielen anderen mineralreichen Ländern. Den Gesamtwert der Mineralprodukte bemißt man zu 6 Milliarden Mark.

Die Rohproduktion des Pflanzenreichs ist nur durch klimatische Verhältnisse eingeschränkt. Demnach fehlen nur die Gewächse der heißfeuchten Tropenzone und diese wie Kaffee und Tee, Rohseide, Kautschuk und Chinarinde sowie die edelsten Holzarten gehören zu den ständigen Hauptgegenständen der Einfuhr. Reis und Rohrzucker werden gebaut, aber nicht in genügenden Mengen. Besonders schmerzlich berührt die Amerikaner der hohe Betrag der Zuckereinfuhr, und dieser Umstand hat bei der vielumstrittenen Erwerbung der bekannten Zuckerländer Hawai, Portorico und der Philippinen einen beträchtlichen Einfluß gehabt. Im übrigen verfügte der Staat ursprünglich über herrliche Wälder von gewaltiger Ausdehnung und mit zahlreichen Nutzhölzern sowie über große und ausgezeichnete Weideflächen. Der Anbau der meisten klimagemäßen Kulturgewächse wird mit höchstem Erfolge betrieben. In Baumwolle, Mais und Tabak übertrifft die Union alle Erdteile und alle Einzelländer, in Weizen und Hafer ringt es mit Rußland um die Siegespalme, in Südfrüchten mit Italien und Spanien, in Hopfen mit Süddeutschland. In der Zucht der Obstarten der kälteren gemäßigten Zone, namentlich von Äpfeln, hat sie neuerdings so beträchtliche Fortschritte gemacht, daß sie den europäischen Markt damit zu beschicken vermag. Gemüse baut man in größerer Vielseitigkeit als irgend wo anders. Die Gewinnung von Kartoffeln, früher nicht sehr erheblich, greift mehr und mehr um sich, ebenso die der Gerste, während die Roggenkultur nicht in die Höhe kommen will und der Buchweizen Neigung zum Rückgange zeigt. Den Gesamtwert einer Jahresernte an Feldfrüchten bewertet man zu 15 Milliarden Mark, und mit dieser Summe ragt die Union weit über alle anderen Staaten der Erde hinaus.

Die Rohproduktion des Tierreichs wies bis vor kurzem alle Hauptzweige in großer und größter Ausdehnung auf. Von diesen ist die Jagd, die früher sehr ansehnliche Erträge abwarf, in neuerer Zeit mit dem Fortschreiten der Besiedelung und der in ihrem Gefolge auftretenden erbarmungslosen Ausrottung zahlreicher Wildtiere stark zurückgegangen, aber sie trägt doch noch Mancherlei, wie auf S. 24 angedeutet wurde, zur Ernährung der Bevölkerung wie zur Gewinnung von Fellen und Pelzen bei. Von großer Bedeutung dagegen ist nach wie vor die Fischerei, neuerdings teilweise gehoben durch eine planmäßig betriebene Fischkultur. Die Fischerei erstreckt sich sowohl auf die angrenzenden Meeresteile als auch auf die Binnengewässer und liefert nach Menge und Güte hervorragende Erträge, die teilweise wie in Austern und Lachs weit über den Bedarf des Landes hinausgehen. Auch gehört die Union zu den wenigen Ländern der Erde, die noch den Fang von Waltieren und Seerobben betreiben. Die Viehzucht, ein alter Betrieb aus der Kolonialzeit, ist in neuerer Zeit zu einem staunenswerten Umfange gediehen. In der Zahl der Schweine und der Rinder, der Maultiere und des Geflügels übertrifft die Union alle Länder der Erde, an Schafen steht sie nur hinter Australien und Argentinien, an Pferden nur hinter Rußland zurück. Bei der Schafzucht hat man aber mehr die Gewinnung von Fleisch als von Wolle im Auge, daher gehört die Union nach Menge und Güte nicht zu den ersten Wolländern. Auch die Edelzucht von Haustieren kann sich nicht mit der der fortgeschrittenen Länder Europas messen; planmäßig betrieben wird sie nur mit Pferden in Kentucky. Ein bemerkenswerter Fortschritt ist neuerdings auch in der Erweiterung der Zucht von Milchkühen zu erkennen. Daß keine irgendwie beträchtliche Seidenzucht besteht, ist um so auffälliger, als der Maulbeerbaum einheimisch ist und sehr wohl gedeiht.

Da es bei den bisher besprochenen Wirtschaftszweigen hauptsächlich auf Schnelligkeit und Menge in der Gewinnung der Rohstoffe aus den drei Naturreichen ankommt, so ist der Betrieb vielfach roh und extensiv und entspricht in nicht wenigen Fällen dem Begriff des Raubbaues. Seltener geht man darauf aus, schonend, gründlich und gewissenhaft zu arbeiten und dem Boden den höchstmöglichen Ertrag abzugewinnen. Daher entsteht viel Abfall, weil man nur solche Betriebe weiter verfolgt, die sich augenblicklich lohnen und sie aufgibt, wenn dies nicht mehr der

Fall ist. Am schlimmsten steht es in dieser Beziehung bei der Ausbeutung der Wälder, aber auch bei der Mineralproduktion verfährt man in der Weise, daß man Erze, die nicht ein gewisses Ertragsmaß abwerfen, wie totes Gestein behandelt. Zweifellos ist diese extensive Betriebsart für die Zukunft sehr bedenklich und wird nicht nur von Fremden, sondern auch von einsichtigen Amerikanern als solche erkannt. Namentlich ist die Zentralregierung in Washington seit Jahrzehnten ernstlich bemüht, mit den ihr zur Verfügung stehenden Mitteln dem Raubbau sowie andern Unarten und Mißständen des Wirtschaftsbetriebes entgegenzutreten, aber sie hat bisher noch keinen sichtlichen Erfolg damit gehabt. Wenn es ihr in einzelnen Fällen gelungen ist, gesetzliche Maßregeln bei dem Kongreß durchzusetzen, so gestaltet sich doch deren Durchführung außerordentlich schwierig. Im Wesent-Jichen bleibt es bei Belehrungen und Ratschlägen.

Abgesehen von diesen und anderen Mängeln, die durch die Größe und den Reichtum des Landes wie durch den Charakter der Bevölkerung leicht erklärlich werden, ruht aber die Gesamtwirtschaft der Union insofern auf einer durchaus gesunden und überaus starken Grundlage, als die Rohproduktion aus den drei Naturreichen nicht nur fast alles liefert, was die Ernährung und der Genuß der Bevölkerung erheischt, sondern auch enorme Mengen von Rohstoffen teils für die unmittelbare Ausfuhr, teils für die Verarbeitung durch Gewerbe und Industrie darbietet. Auch in dieser Beziehung ist der Staat erheblich günstiger gestellt als die meisten übrigen Länder der Erde. Nur etwa Indien und besonders China stehen mit ihm auf ungefähr gleicher Stufe der Vollständigkeit und Mannigfaltigkeit der Naturstoffe. Abgesehen von Kleinigkeiten fehlen eben der Union nur diejenigen industriellen Rohprodukte, welche das Klima ausschließt. Für die Verarbeitung selbst dagegen stehen die wirksamsten Hilfsmittel und Organisationen zur Verfügung. Der Eigenverbrauch des Landes an Fabrikaten der verschiedensten Art ist bei dem verhältnismäßig sehr hohen Durchschnitt der Lebensführung größer als irgendwo anders, das Absatzgebiet im eigenen Lande wie die Preisstellung durch gewaltige und rigorose Schutzzölle gesichert. Der Gesamtverbrauch an industriellen Erzeugnissen hat daher eine enorme Höhe erreicht. Ihren Jahreswert beziffert man neuerdings einschließlich der Rohstoffe auf 52 Milliarden, ohne diese auf 35 Milliarden Mark. Gegen solche Riesensummen kann kein anderes Land in die Schranken treten.

Einerseits durch den Überschuß der Eigenproduktion wie gewisse Mängel desselben, anderseits durch den Umstand, daß manche Landesteile bestimmte Erzeugnisse hervorbringen, die in anderen fehlen oder nicht in ausreichender Menge oder Güte vorhanden sind, ist Veranlassung zu einem sehr umfangreichen und vielseitigen Handel gegeben. Der Außenhandel umfaßt zwar alle übrigen Länder der Erde, besitzt aber noch nicht das volle Maß der Selbständigkeit, indem er großenteils mit fremdem Kapital und mit fremden Hilfsmitteln sowie von fremden kaufmännischen Firmen betrieben wird. In dieser Beziehung haftet der Union noch etwas von dem Wesen eines Koloniallandes an, und der Ertrag des gesamten Außenhandelswertes, in dem es nur von Großbritannien überboten und nur vom Deutschen Reich erreicht wird, fällt ihr nicht ganz zu. Gewaltig sind die Mengen und Wertbeträge, die der Binnenhandel in Bewegung setzt. Wohl werden zahlreiche und massenhafte Rohstoffe an oder in der Nähe ihrer Ursprungsstellen verbraucht und verarbeitet, aber es bleiben immer noch viele und wichtige übrig, welche einen weiten Weg bis zu den Orten ihres Verbrauchs und ihrer Verarbeitung zurückzulegen haben. Die meisten Fabrikate, mancherlei Früchte des Feld-, Obst- und Gemüsebaues zerstreuen sich über das ganze Land oder über größere Teile desselben und gehen durch viele Hände, ehe sie zum Verbraucher kommen. Daher gibt es in den größeren Städten wie in den kleinsten Siedelungen Kaufläden (Stores) mit allen erforderlichen Gegenständen, in den ersteren auch riesige Warenhäuser mit enormen Vorräten. Der dadurch bedingte Geldverkehr ist nach den neuesten Grundsätzen organisiert und wird von ungewöhnlich zahlreichen Banken besorgt. Eine Bank hat jede Siedelung, mag sie auch nur aus wenigen Häusern oder Bretterhütten bestehen und den denkbar dürftigsten und flüchtigsten Eindruck machen.

Auf die Bedürfnisse der Ortsbewegung von Gütern und Personen sind auch die Verkehrsmittel zugeschnitten, oder vielmehr sie sind, wenigstens was den Landverkehr anbelangt, so geschickt und zweckmäßig ausgewählt und angewendet, daß sich jene auf dieser Grundlage ausgestalten konnte. Gegenüber der Größe der zu bewältigenden Entfernungen und bei der vielfach ungemein günstigen Beschaffenheit des Geländes ist es begreiflich, daß man sich nicht erst auf die langwierige und kostspielige Anlage von Landstraßen einließ, sondern in den älteren wie in den neu aufgeschlossenen und neu aufzuschließenden Gebieten gleich das jüngste und wirksamste Hilfsmittel: die Eisenbahn in Anwendung brachte. Im Eisenbahnwesen hat denn auch die Union den höchsten Gipfel ihrer wirtschaftlichen Leistungsfähigkeit erklommen und in keinem Wirtschaftszweige gleicher Art, gleichen Umfangs und gleicher Wertbedeutung überragt sie die andern Erdteile dermaßen, wie in den Eisenbahnen. Unter den gleich großen Gebieten der Erde hat sie das dichteste und das tüchtigste Bahnnetz. Alle Einzelländer, auch die fortgeschrittensten, stehen weit hinter ihr zurück. Im Lande selbst ist der Einfluß und die Macht der Eisenbahnen und ihrer Besitzer so bedeutend und tiefgreifend, daß sich viele Wirtschaftszweige in ihrer Betriebsform und in ihrer Unternehmungsweise geradezu danach richten müssen und daß sich als Gegenwirkung die viel angefochtene Unternehmungsform der Trusts dagegen erhob. An dem Eisenbahnwesen hat sich auch der Multimillionarismus in kräftigster Weise großgezogen, und vor der Ausbreitung der Trusts waren die „Eisenbahnkönige" die reichsten Leute der Union. Unter der Allgewalt der Eisenbahnen hat namentlich die Binnenschiffahrt auf den Flüssen schwer zu leiden gehabt und ist dadurch sehr zurückgegangen. Unberührt bleibt nur der Schiffsverkehr auf den Großen Seen, weil die zu befördernden Frachten von der Art sind, daß die Eisenbahn wegen der Frachtsätze damit nicht in Wettbewerb treten können.

In der Schiffsbewegung auf den Großen Seen und an den Küsten liegt überhaupt der Schwerpunkt des W a s s e r v e r k e h r s der Union, nicht in der Hochseeschiffahrt. Denn trotz aller Bemühungen ist es bisher nicht gelungen, die großen europäischen Seemächte, in erster Linie Großbritannien und Deutschland, aus dem Felde zu schlagen und ihnen den Verkehr auf dem Atlantischen Ozeane, der weitaus der wichtigste ist, zu entwinden. Das ist, wie bereits angedeutet wurde, der einzige Punkt, worin sich die Union in wirtschaftlicher Hinsicht noch als ein Kolonialland kundgibt: die Schwäche und Unselbständigkeit der Hochseeschiffahrt. Denn selbst auf dem Stillen Ozean hat sie den Wettbewerb Großbritanniens und Japans zu ertragen. Während nämlich, nach der Zahl der Registertonnen beurteilt, ihre Handelsflotte die zweitgrößte der Erde ist, erhält sie einen viel niedrigeren Platz, wenn man nur den Betrag ins Auge faßt, der für die Hochseeschiffahrt in Betracht kommt. Dann steht die Union etwa auf gleicher Stufe mit Frankreich.

Daß in der Wirtschaft der Union alle Formen der Unternehmung von dem Einzelgeschäft bis zu großen Korporationen und Gesellschaften (Companies) vertreten, ist selbstverständlich. Die Größe der Unternehmungen ist dem Umfange und der Tragweite der Aufgaben und Ziele angepaßt und ragt demgemäß in entsprechender Weise über die gleichartigen Formen der Alten Welt vielfach hinaus. Dies galt z. B. gleich von vornherein von den Eisenbahngesellschaften; unter diesen gibt es einige, die über ein größeres Netz verfügen als die altweltlichen Gesellschaften, ja sogar als die wichtigeren Staaten, in denen die Eisenbahnen ganz oder teilweise in den Händen der Regierung liegen. Die eigenartigste und zugleich jüngste, echt amerikanische Form der Großunternehmung ist der Trust, eine Art wirtschaftlichen Monopoles auf gesellschaftlicher Grundlage mit einer persönlichen Spitze. Das Eigenartige besteht also darin, daß der führende Einzelunternehmer dabei mehr zur Geltung kommt als etwa bei Aktiengesellschaften oder ähnlichen korporativen Organisationen. Als Begründer der Trustform gilt der bekannte Petroleumkönig J. D. Rockefeller, ein Mann, der sich aus den bescheidensten Anfängen zu gewaltiger Macht und fabelhaftem Reichtume aufgeschwungen hat. Seit den achtziger Jahren des vorigen Jahrhunderts, wo der Petroleumtrust geschaffen wurde, hat sich das Trustwesen mehr und mehr ausgebreitet und umfaßte bereits im Jahre 1902 reichlich drei Fünftel aller industriellen Unternehmungen.

Um die Stellung der Union in der Weltwirtschaft noch etwas genauer zu bestimmen, als es durch die obigen Erörterungen geschehen konnte, wollen wir zum Schlusse dieses Kapitels noch zwei Zahlenbeispiele folgen lassen, die sich auf einige Hauptzweige des Wirtschaftslebens beziehen. Das erste gibt einen Vergleich mit dem Deutschen Reiche als demjenigen Lande, das der Union in seiner allgemeinen Stellung am nächsten kommt. Das zweite bezieht sich auf den Erdteil Europa, wobei die beiden einander am meisten gegensätzlichen Länder: Rußland und Großbritannien besonders herausgehoben sind. Das erstere vertritt den Typus der überwiegenden Rohproduktion, das zweite den der Vorherrschaft von Industrie und Handel.

Vergleich zwischen der Union und dem Deutschen Reiche für 1900.

	Union	Deutsches Reich
Anbaufläche von Weizen 1000 ha	17 197	2051
Roggen 1000 „	644	5982
Gerste 1000 „	1 171	1707
Hafer 1000 „	11 074	4105
„ Kartoffeln 1000 „	1 057	3242
Pferde............ 1000 Stück	13 538	4195

	Union	Deutsches Reich
Maulesel und Esel 1000 Stück	2 086	8
Rinder 1000 „	40 902	18 940
Schafe . . . . 1000 „	41 880	9693
Schweine . . . . 1000 „	37 079	16 807
Kohle 1000 metr. Tonnen	244 641	149 788
Roheisen . . . . 1000 „	14 010	8 521
Postanstalten	76 688	44 775
Postpersonal	218 857	222 809
Briefsendungen 1000 Stück	7 223 686	3 451 157
Postanweisungen 1000	32 544	44 775
Telegramme . . . . 1000 „	79 696	46 009
Eisenbahnen . . . . km	311 094	50 160
Bahnlänge auf 10 000 Einwohner „	41	9
Anlagekapital der Eisenbahnen Mill. Mk.	48 837	12 789
Wert des Außenhandels „	9 245	10 377
Wert der Einfuhr	3 488	5 766
Wert der Ausfuhr	5 757	4 611

Vergleich zwischen der Union und Europa, außerdem Rußland und Großbritanien

nach den neuesten Aufnahmen.

Mill. MC	Europa	Union	Prozentsatz	Rußland	Großbritanien
Weizenernte „	512.55	173.60 = 34%		170.70	13.80
Roggenernte „	412.41	7.50 = 2%		231.60	0.00
Gerstenernte „	205.01	30.40 = 15%		77.80	15.50
Haferernte „	351.79	130.00 = 37%		116.10	29.00
Kartoffelernte „	1118.16	101.00 = 9%		254.60	63.20
Pferde, Maul- esel u. Esel 1000 St.	51 345	19 946 = 39%		29 339	2 093
Rinder „	126 270	61 242 = 49%		40 564	11 736
Schafe u. Zieg. „	182 198	47 041 = 26%		64 394	29 035
Schweine „	67 741	47 320 = 70%		13 668	4 177

	Europa	Union	Prozentsatz	Rußland	Groß-britanien
Kohle Mill. MC	5 172	3 241 =	62%	172	2 340
Roheisen„ „	278	183 =	67%	23	91
Eisenbahnenkm	306 319	334 634 =	109%	54 131	36 095
Eisenbahn, km auf 10 000 qkm	306	357		1 146	100
Telegraphen-linie km	797 177	390 987 =	49%	82 836	174 911
Telegraphen-Drahtlänge km	3 439 095	1 858 992 =	54%	541 058	892 191

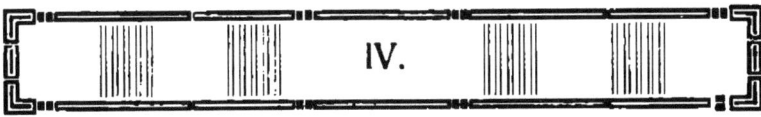

IV

Die Mineralproduktion.

Wenn es richtig ist, daß in der neuesten Phase der Allgemeinentwicklung, in der Industrie und Verkehr den Ton an-
geben, die wirtschaftliche Stellung eines Staates durch seinen
Mineralreichtum, insonderheit durch seine Vorräte an Kohle und
Eisen begründet wird, auf denen eben jene Tätigkeiten beruhen,
so ist die Union durch ihre unvergleichlichen mineralischen Schätze
zu der hervorragendsten Rolle durch die Natur bestimmt. In der
Tat übertrifft, wie schon aus den Andeutungen des vorigen Kapitels hervorgeht, der jugendkräftige transatlantische Freistaat in
dieser Beziehung alle Länder der Erde, und keins derselben kann
sich mit ihm an Menge und Mannigfaltigkeit der mineralischen
Erzeugnisse messen. Die Fundstätten dafür sind zwar nicht
gleichmäßig über den Staatskörper verteilt, aber sie sind doch
nicht so unregelmäßig angeordnet und verstreut als in anderen
Erdteilen, namentlich in Europa, wo sie durchaus in örtlicher
Isolierung auftreten. In der Union liegen die schwarzen Metalle
hauptsächlich im Osten und in der Mitte, die Edelmetalle vorzugsweise im Westen, aber irgend eines oder mehrere brauchbare
Minerale finden sich doch in den meisten Staaten, wenn auch in
sehr ungleicher Menge und Güte. In der Tat sind es von den
49 Staaten der Union nur acht, welche keine nennenswerte mine-
ralische Ausbeute aufweisen, nämlich New Hampshire, Rhode
Island, Delaware, Georgia, Mississippi, Norddacota, Nebraska,
Oklahoma.

Die Mineralausbeute der Union hat eine interessante und
ziemlich weit zurückreichende Geschichte, denn schon die
ersten Entdecker und Pioniere wurden auf Manches aufmerksam.
So erwähnten die französischen Jesuitenpatres um 1660 das
Kupfer am Oberen See, ihr Landsmann le Sueur entdeckte zu
Anfang des achtzehnten Jahrhunderts die Bleilager am Missouri
und die Kupferlager am Mississippi. Damals entstand auch das
erste Goldfieber in Virginia; dazu kam die Ausbeute der Blei-
minen am Missouri, des Kupfers in Connecticut und New Jersey
sowie die Bearbeitung von Eisen in Neuengland und Virginia.
Die ersten Salzquellen fand man bei Syracuse in New York 1795
und in West-Virginia 1797. Gegen Ende des achtzehnten Jahr-

hunderts grub man Kohlen in der Nähe von Richmond; auch gewann man Blei, Eisen und Kupfer in ansehnlichen Mengen; 1820 kam die erste Ladung pennsylvanischer Anthrazitkohle nach Philadelphia. In den Jahren 1833 '34 war der Höhepunkt der Goldausbeute in den südatlantischen Staaten, welche die für jene Zeit bemerkenswerte Summe von 2,5 Mill. Mark lieferte. Aber im Ganzen spielte bis dahin die Mineralausbeute für die Gesamtwirtschaft des Staates eine bescheidene, keinesfalls eine leitende Rolle.

Die Wendung ins Große und Bedeutende nahm die Sache erst seit den 1840er Jahren. 1844 begann die Ausbeute der berühmten Kupferlager am Oberen See in Michigan, vgl. S. 47. Mit 1848 hebt die großartige Ära des Goldes durch die Funde in Kalifornien an, denen sich solche in den übrigen Teilen des Westens rasch anschließen: 1852 in Oregon, 1858 in Arizona, 1859 in Colorado, 1860 in Idaho und Montana. Quecksilber fand man in Kalifornien zuerst 1851, Salzsole in Michigan (Saginaw) 1859. In demselben Jahre nahm die Silberausbeute einen erstaunlichen Aufschwung durch die Inangriffnahme des berühmten Comstock lode in Nevada an Plätzen wie Unionville, Belmont, White Pine, Eureka, Esmeralda und Pioche. Bald folgten für Silber Idaho (Owyher), Utah (Cottonwood und Bingham) sowie Colorado. Diese und andere Funde zogen zahlreiche Gold- und Silbersucher (Digger) in den Westen, und so entwickelte sich in seinen entlegenen Tälern jenes abenteuerliche, romantische Leben und Treiben, von denen damals soviel die Rede war. Um diese Zeit wurden auch wichtige Entdeckungen im Norden und Osten gemacht. Im Norden wurde man seit 1856 auf die riesigen Eisenerzlagerstätten aufmerksam, welche sich rings um den Obernsee mit fabelhaften Vorräten ausbreiten, wenn auch ihre Ausbeutung wegen der schwierigen Verkehrsverhältnisse in den ersten Jahrzehnten noch belanglos war. Das Jahre 1860 endlich brachte die Eröffnung der pennsylvanischen Petroleumquellen.

Mit diesem Jahre schließt die Pionierarbeit der Hauptsache nach ab. Wenn man dadurch nun auch eine Vorstellung von den enormen mineralischen Schätzen des Landes erhalten hatte, so übten sie doch auf die Gestaltung der Gesamtwirtschaft einstweilen noch keinen bestimmenden Einfluß aus. Dieser machte sich vielmehr erst nach dem großen Kriege, insbesondere seit den 1880er Jahren deutlich bemerkbar, weil eben unterdes die Gesamtentwicklung entsprechend vorangeschritten war und nun die Verwertung der mineralischen Stoffe dringend erheischte. Von den wichtigeren Neufunden dieser Zeit seien die großartigen Kupferlager in Montana und Arizona (zuerst Bisbee, Globe und Clifton, später Union Verde und Butte), die silberhaltigen Bleierze in Colorado (Leadville) und die Alluvialgoldlager in den verschiedenen Teilen des Territoriums Alaska hervorgehoben.

Das gewaltige Anschwellen der Mineralausbeute nach dem Gesamtwerte wird am deutlichsten ersichtlich durch den Vergleich einiger Zahlen über die Jahresproduktion der letzten 25 Jahre. Der Gesamtwert wurde angegeben für 1880 zu 369,3, für 1890 zu 620, für 1900 zu 1067,6, für 1902 zu 1269,1 und für 1903 zu 1419,7 Mill. Dollar. In dem Zeitraume von 1880—1903 ist demnach der Jahreswert von 1551 auf 5963 Mill. Mark oder fast das Vierfache gestiegen. Gegen 1903 zeigt das Jahr 1904 einen Rückgang der Wertausbeute auf 1289 Mill. Doll. oder 5414 Mill. Mk. An dieser enormen Steigerung der Mineralproduktion ist das Trustwesen in hervorragendster Weise beteiligt, hat es sich doch überhaupt an einen der wichtigsten Zweige derselben, der Petroleumgewinnung, entwickelt. Nach L. M. Goldberger umfaßte das Gesamtkapital aller Trusts im Jahre 1903 die Riesensumme von 8698 Mill. Doll. = 36 530 Mill. Mk. Davon entfielen in Mill. Doll. 2308 auf Eisen- und Stahl-, Eisen- und Stahlfabrikat - Gesellschaften, 703 auf Metallgesellschaften außer Eisen und Stahl, 390 auf chemische-, Öl- und Farbengesellschaften, 153 auf Glas- und Töpferwaren-Gesellschaften, 282 auf Kohle- und Koksgesellschaften.

Im Folgenden geben wir, auf Grund offizieller Veröffentlichungen (Hauptquelle: Mineral-Resources of the United States, erscheint jährlich unter Redaktion von David T. Day), ein Verzeichnis der einzelnen Mineralprodukte mit Wertangabe in Mill. Doll. für die Jahre 1800, 1900 und 1903.

Gegenstand u. Wert der Mineralausbeute in Mill. Doll.

	1880	1900	1903
Eisenerz	89.31	259.94	344.35
Silber	39.20	74.53	70.20
Gold	36.00	79.17	73.59
Kupfer	11.49	98.49	91.50
Blei	9.78	23.56	23.52
Zink	2.28	10.65	16.72
Quecksilber	1.80	1.30	1.54
Aluminium	—	1.92	2.84
Antimonium	0.01	0.35	0.55
Nickel	1.65	0.004	0.004
Zinn	—	—	—
Platin	—	—	—
Zusammen Metalle.......	190.04	549.93	624.32

	1880	1900	1903
Kohle, bituminös........	53.44	221.13	351.68
Kohle, Anthrazit	42.19	85.76	152.03
Naturgas	—	23.60	35.80
Petroleum	24.18	75.75	94.69
Ziegeltonerde	—	12.00	15.00
Zement................	1.85	13.28	31.93
Bausteine	18.35	48.01	72.94
Korund................	0.03	0.10	0.06
Granatsteine...........	—	0.12	0.13
Mahlsteine	0.50	0.71	—
Infusorienerde	0.04	0.02	0.07
Mühlsteine	0.20	0.33	0.72
Ölsteine	0.008	0.17	0.36
Borax.................	0.28	1.02	—
Bromin................	0.11	0.14	0.89
Flußspat	0.02	0.09	0.21
Gips..................	0.40	1.63	3.79
Mergel	0.50	0.68	—
Phosphate	1.12	5.36	5.32
Schwefelkies	0.005	0.75	—
Salz	4.83	6.94	5.28
Schwefel	0.02	0.09	—
Baryt (Schwererde)	0.08	0.19	0.15
Kobalt	0.02	0.01	0.23
Mineralfarben...........	0.13	0.88	0.63
Zinkweiß	0.76	3.66	4.80
Asbest	0.004	0.02	—
Asphalt	0.004	0.41	1.00
Bauxit	—	0.09	0.17
Chromeisenstein	0.03	—	—
Tonerde...............	0.20	1.84	—
Feldspat...............	0.06	0.17	0.26
Talkschiefer	0.05	0.50	2.59
Feuerstein	0.08	0.18	0.15
Fullers Erde	—	0.06	0.19
Graphit	0.05	0.19	0.22
Kalkstein	19.00	4.50	—
Magnesit	—	0.02	—
	168.58	510.20	783.29

	1880	1900	1903
Übertrag.....	168.58	510.20	783.29
Braunstein	0.08	0.10	—
Glimmerstein (mica)	0.13	0.09	—
Mineralwasser	0.50	6.24	9.04
Monasit	—	0.04	0.06
Edelsteine	0.10	0.23	0.30
Seifenstein	0.07	0.38	0.42
zusammen Nichtmetalle	169.47	516.67	793.11
Verschiedenes	9.81	1.00	1.00
Gesamtbetrag	369.32	1067.60	1418.43

In der obenstehenden Tabelle sind 59 Einzelposten aufgeführt und zu zwei Gruppen: Metalle und Nichtmetalle angeordnet, die sich früher in den Gesamtbeträgen ungefähr die Wage hielten, während neuerdings die Nichtmetalle stärker hervortreten. Von den Einzelposten stehen, dem Werte nach, Kohle und Eisen weitaus in erster Linie, über die Hälfte der Gesamtsumme (52 %) beanspruchend. In zweiter Linie folgen, mit Jahreswerten über 50 Mill. Doll.: Gold, Silber, Kupfer, Petroleum und Bausteine, insgesamt 28 %, in dritter Reihe einige über 10 Mill. Doll.: Blei, Zink, Naturgas, Ton und Zement, zusammen 8 %, in vierter Linie über 5 Mill. Doll.: Phosphat, Baryt, Kalkstein und Mineralwasser; diese 16 (oder 17, wenn man bei Kohle zwei Posten annimmt) umfassen zusammen 98 % der gesamten Mineralausbeute. Der kleine Rest von 2 % verteilt sich auf 42 Gegenstände, von denen mehrere mit minimalen Werten aufgezählt sind.

Bei der Kohle unterscheidet man Anthrazit und bituminöse Kohle oder Weichkohle; ersterer ergab 1903 einen Betrag von rund 75 Mill. short tons im Werte von 152 Mill. Doll., letztere eine Menge von 283 Mill. short tons im Werte von 352 Mill. Doll.; zusammen 358 Mill. short tons und 504 Mill. Doll. oder 2117 Mill. Mk. Das Jahr 1904 lieferte 65 Mill. T. Anthrazit und 270 Mill. T. Weichkohle, zusammen 344 Mill. T. im Werte von 444 Mill. Doll.

Das Vorkommen von Anthrazit ist fast ausschließlich auf das östliche Pennsylvanien beschränkt und zwar auf die acht Grafschaften (Counties) Susquehanna, Lackawanna, Luzerne, Carbon, Schuylkill, Columbia, Northumberland und Sullivan in einer Ausdehnung von 484 square miles oder 1253 qkm. Ganz kleine Fundstellen echten Anthrazits gibt es in den Staaten Colorado (Gunnison County) und Neu Mexico (Santa Fé County). Früher wurde auch von Anthrazit aus Neu England berichtet, aber was hier, namentlich in Massachusetts (Bristol und Plymouth) abgebaut wird, ist graphitische Kohle und wird neuerdings unter die Graphitproduktion eingerechnet.

Die Weichkohle ist über das ganze Staatsgebiet der Union verteilt und bedeckt eine Grundfläche von fast 900 000 qkm. Man unterscheidet sieben Felder: das Triasfeld an der Ostküste, das appalachische, das nördliche, das zentrale, das westliche, das Feld der Felsengebirge und das pazifische.

Das Triasfeld an der Ostküste in Virginien (bei Richmond) und in Nord Carolina (Deep and Dan Rivers) ist von ganz untergeordneter Bedeutung. Das Appalachische Feld, das weitaus wichtigste, mit einer Ausbeute von 185.6 Mill. short tons (1903) 183 Mill. s. t. (1904) oder fast zwei Drittel der Gesamtausbeute der Weichkohle, erstreckt sich längs des Westabhanges der Alleghanies von New York bis nach dem Norden von Alabama. 1440 km lang, in der Breite zwischen 50 und 300 km wechselnd, bedeckt es einen Raum von 183 890 qkm und verteilt sich über neun Staaten, von denen Pennsylvanien den Hauptanteil (1903: 103 Mill. 1904: 98 Mill. sh. t.) hat. Rechnet man dazu den Betrag für Anthrazit, so entsteht für Pennsylvanien eine Summe von 178 Mill. (1904: 171 Mill.) sh. t., d. h. die Hälfte der Gesamtausbeute der Union an Kohle oder etwas mehr als die Kohlenförderung von ganz Deutschland. Nächst Pennsylvanien sind in zweiter Linie an dem appalachischen Felde beteiligt West Virginia (29.3) und Ohio (24.8); in dritter folgen Alabama (11.6), Maryland (4.8), Tennessee (4.8), Virginia (3.4) und der Osten von Kentucky (3.2). Unbedeutend ist der Anteil von Georgia.

Das nördliche Feld bedeckt im mittleren Michigan eine Fläche von 29 267 qkm, lieferte 1903 aber nur den geringen Ertrag von 1.36 Mill. sh. t. Wichtiger ist das zentrale Feld, das bei einer Flächenerstreckung über 150 220 qkm 1903 ebenso wie 1904 eine Ausbeute von 52 Mill. sh. t. oder 18.43 % der Gesamtproduktion an Weichkohle lieferte; beteiligt sind daran Illinois (am stärksten, 36.9), Indiana (10.8), und der Westen von Kentucky (4.4). Das westliche Feld, zwischen dem Mississippi und den Ostfuß des Felsengebirges auf einem Areale von 233 757 qkm eingeschaltet, ergab 1903 23.17 Mill. sh. t. oder 8,2% der Gesamtproduktion, die sich auf sechs Staaten verteilten: Jowa (6.4), Kansas (5.8), Missouri (4.2), Süd-Indiana (3.5), Arkansas (2.2) und Texas (0.9). Das westliche Feld erstreckt sich mit einer Fläche von 8288 qkm auch über den Staat Nebraska, wird aber hier noch nicht abgebaut. Das Feld des Felsengebirges lieferte bei einer Ausdehnung von 259 000 qkm 1903 einen Ertrag von 16.98 Mill. sh. t. oder 6% der Gesamtproduktion an Weichkohle. Bislang nehmen sechs Staaten daran Teil, in erster Linie Colorado (7.4) mit fast der Hälfte; die zweite Hälfte fällt auf Wyoming (4.6), Montana, Utah, Neu Mexiko (je 1.6) und Norddacota (geringfügig). Über das ausgedehntere Vorkommen von Kohle in Idaho und Wyoming sind die Akten noch nicht geschlossen. Das pazifische Feld, mit 2720 qkm das kleinste von allen, wenn man von dem Triasfeld des Ostens absieht, lieferte 1903 3.39 Mill. sh. t., hauptsächlich in Washington.

Die Reihenfolge der für die Kohlenförderung wichtigeren Staaten gestaltete sich 1904 wie folgt:

	Mill. T.		Mill. T.		Mill. T.
Pennsylvanien	173	Kentucky	8	Tennesse	5
Illinois	36	Colorado	7	Missouri	4
West-Virginia	33	Jowa	7	Virginia	4
Ohio	24	Kansas	6	Washington	3
Alabama	11	Wyoming	5		
India	11	Maryland	5		

Die vorstehenden 16 Staaten hatten fast 98% der Kohlenförderung der Union.

Wenden wir uns zum Eisenerz, so hat abgesehen von dem Jahre 1905, über das noch nicht alle Einzelheiten bekannt sind, das Jahr 1902 mit 35.55 Mill. long tons den Höhepunkt erreicht. 1903 waren es rund 35 Mill. l. t. Seit 1893, dem Minimum in den letzten fünfzehn Jahren, hat sich die Ausbeute an Eisenerz ungefähr verdreifacht. Beteiligt sind insgesamt 22 Staaten, davon weitaus in erster Linie Minnesota (1903: 15.37) und Michigan (10.6), die fast drei Viertel der Gesamtproduktion liefern. In zweiter Reihe folgt Alabama (3.68) mit etwa einem Achtel. Nennenswert sind dann noch Tennessee, Virginia, West Virginia, Wisconsin, Pennsylvanien, New York, New Jersey, Georgia und Colorado, geringfügig Nevada, Neu Mexico, Utah, Wyoming, Nord Carolina, Missouri, Texas, Kentucky, Connecticut, Massachusets, Ohio und zuletzt Maryland. In der Union sind vorzugsweise vier Eisenerzarten vertreten: Roteisenstein (Red hematite), Brauneisenstein (Brown hematite), Magneteisenstein (Magnetit) und Kohleneisenstein (Carbonate). Von der Gesamtausbeute entfallen sechs Siebentel auf Roteisenstein, der eine großartige Verbreitung am Oberen See hat, außerdem in Alabama die Hälfte liefert. Der Brauneisenstein mit etwa einem Zwölftel des Gesamtertrages hat seine Fundstätten vornehmlich in Alabama, Tennessee, Virginia, Pennsylvanien, Georgia und Colorado. Der Magneteisenstein stellt etwa die Hälfte des Brauneisensteins, der Kohleneisenstein ist von ganz geringer Bedeutung.

Die weitaus umfangreichsten und wichtigsten Eisenerzgruben finden sich rings um den Oberen See; hier sind überhaupt die größten und wertvollsten Eisenvorräte der ganzen Erde aufgespeichert, und ihre Ausbeutung hat in den letzten Jahren einen ganz außerordentlichen Aufschwung genommen. Während die drei daran beteiligten Staaten im Jahre 1903 nicht ganz 27 Millionen long tons lieferten, waren es 1905: 33.69 Mill. l. t.; davon entfielen 21.72 auf Minnesota, 11.20 auf Wisconsin und 0.77 auf Michigan. Von den fünf am Oberen See gelegenen Minengebieten lieferte Mesabi (Mesaba) 20.04, Menominee 4.43, Marquette 4.01, Gogebic 3.53 und Vermillion 1.67 Mill. l. t. Da die Eisenfrage für die wirtschaftliche und gewiß auch für die politische Weiterentwicklung der Vereinigten Staaten eine ausschlaggebende Bedeutung hat, ferner da das Vorkommen, die Gewinnung und der Transport am Oberen See in Deutschland noch nicht ausreichend bekannt sind, mag es gestattet sein, hier eine etwas eingehendere Schilderung der Mesabiminen einzuschalten, die auf den eigenen Betrachtungen des Verfassers an Ort und Stelle beruht.

Längs dem Nordwestufer des Oberen Sees läuft ein Plateau hin, das von der Seeküste aus ziemlich steil aufsteigt und dann als eine sanftwellige Hochebene von 400 m Höhe sich nach Nordwesten hin ausbreitet. In einer mittleren Entfernung von etwa 100 km ist diesem Plateau ein Höhenzug aufgesetzt, der in der Richtung der Seeküste, also von Südwest nach Nordost verläuft und sich über seine Grundlage um 100 bis 200 m erhebt. Dieser Höhenzug, etwa 100 km lang, aber nur 5 km im Mittel breit, wird als Mesabi Range bezeichnet und bildet die Wasserscheide zwischen dem Oberen See und den Seen an der kanadischen Grenze, die ihrerseits dem Entwässerungsgebiete der Hudsonbay gehören. Die Mesabi Range, die den Eindruck einer teils welligen, teils hügeligen Landschaft macht, nirgends aber eigentlichen Gebirgscharakter zeigt, besteht aus alten, sog. huronischen Gesteinen, die im Nordwesten von noch älteren, im Südwesten von etwas jüngeren Formationen begrenzt werden.

Aber die Gesteine, welche die geologische Grundlage in dieser Gegend bilden, treten kaum irgendwo zutage, sondern sind fast überall von einer diluvialen Geröllschicht bedeckt. Diese hat, wie man an zahlreichen freigelegten Stellen beobachten kann, eine ziemlich verschiedene Mächtigkeit; im Mittel mag sie etwa 15 m ausmachen. Unter den diluvialen Schuttmassen liegt nun das Grundgestein, das seinerseits eine muldenförmige Anordnung zeigt. Die Mulden selbst sind von verschiedener Tiefe und in der Regel durch Eisenerz ausgefüllt. Dies ist aber kein Gestein oder Erz im gewöhnlichen Sinne des Wortes, sondern eine bröcklige, körnige Masse von braunroter Farbe, die man auf den ersten Blick eher für Ackererde erklären würde, keinesfalls aber für Eisenerz. Und doch ist es ein solches von ungewöhnlich hohem Metallgehalt. Wo man in der ganzen Mesabi Range durch Schürfen oder Bohren den Boden untersucht hat, ist man auf Eisenerz gestoßen, allerdings in verschiedener Tiefe. Während es an einzelnen Stellen unmittelbar, an anderen fast unmittelbar an der Oberfläche liegt, sinkt es anderwärts um hundert und mehr Meter in die Tiefe; die tiefsten Bohrlöcher reichen bis 150 m hinunter.

Die Ausbeute der Eisenerzlager geschieht entweder durch Tagebau oder durch einen bergwerksähnlichen Betrieb. Letzterer ist die ältere, jetzt mehr und mehr abkommende, ersterer die jüngere, aber bereits vorherrschende Methode.

Will man einen Tagebau (open pit mine) anlegen, so räumt man zuerst die überlagernde Diluvialschicht ab. Dieses geschieht mittels mächtiger Dampfschaufeln, von denen jede fünf Tonnen Moränenschutt aufzunehmen vermag. Durch die Dampfschaufeln, deren jede eine Bedienung von etwa sieben Mann erfordert, wird das aus Erde und Steinen bestehende Material gleich in eiserne Kippwagen übergeladen, fortgeschafft und an irgend einer Stelle aufgehäuft. Dazu braucht man nicht lange zu suchen, denn der Boden in der Umgebung der Minen wird in keiner Weise verwendet; es gibt hier weder Wiesen noch Äcker noch sonst eine Bodennutzung. Das Abräumen des Diluvialschuttes erfolgt vielfach ohne irgend welche Vorbereitungen, es sei denn, daß das betreffende Landstück vorher bewaldet und dann abzuholzen war. In diesem Falle müssen die Baumstümpfe beseitigt werden, ehe die Arbeit beginnen kann. Wenn der Moränenboden zu viele oder zu große Steine enthält, so pflegt man ihn durch Sprengen aufzulockern oder auch die größten Blöcke, die den Decksteinen unserer Hünengräber an Umfang nicht nachstehen, fortzuschaffen.

Ist nun auf diese Weise die ganze Diluvialschicht ausgehoben und das reine Eisenerz erreicht, so wird dies auf die gleiche Art, wie der Moränenschutt, mittels Dampfschaufeln abgeschaufelt und gleich in Eisenbahnwagen eingeladen, die durch kleine Lokomotiven, sog. „Donkeys", aus den Gruben herausgezogen und nach den Rangierbahnhöfen gebracht werden. Dort stehen leere Wagen bereit, die von den Donkeys nach den Gruben befördert werden. Das Eisenerz, das, wie früher bemerkt wurde, eine bröcklige, körnige Masse darstellt, liegt zwar in dichten Massen zusammen, ist aber anderseits locker genug, um von den Dampfschaufeln, die ebenfalls fünf Tonnen fassen, ohne weiteres herausgeholt werden zu können. Sieben bis acht Bewegungen der Dampfschaufel, die ebensoviele Minuten in Anspruch nehmen, genügen, um einen Wagen zu füllen. Eine Schaufel hebt also täglich bei zwölfstündiger Arbeit gegen 3500 Tonnen Eisenerz aus, vorausgesetzt, daß immer die nötigen Wagen bereit stehen.

Das Abräumen des Moränenschuttes wie das Ausschaufeln des Eisenerzes geschieht meist in der Weise, daß immer ovale Flächen ausgehoben werden, die von oben nach unten an Raumumfang abnehmen. Die unterste Fläche ist fast eben und sieht von weitem wie ein frisch gepflügtes Ackerfeld aus. Befindet man sich auf der Sohle einer offenen Grubenmine, so bemerkt man, daß die Wände fast nach allen Seiten hin stufenförmig ansteigen; nur an einer Stelle führt eine Öffnung allmählich nach oben; das ist die Bahn, auf der die Donkeys mit den vollen oder leeren Wagen hin und her laufen. Von oben gesehen ähnelt ein solcher Tagebau, wenn er mehr rundlich ist, einem Amphitheater oder, wenn er sich mehr in die Länge erstreckt, einem altgriechischen Hippodrom oder Stadion. Wohl die gleichmäßigste und schönste dieser Anlagen ist die Mahoningmine, etwa 3 km nördlich von Hibbing gelegen; sie gilt auch dort als das Ideal eines Tagebaues in ästhetischer wie in wirtschaftlicher Hinsicht und wird allen Fremden, die dahin kommen, gezeigt. Bei der Mahoningmine ist die Duluvialschicht von fast gleichmäßiger Dicke, im Mittel etwa 10 m haltend, und umschließt ringsum fast in Kreisform die darunter liegenden Erzschichten. Heller an Farbe und mit Steinen verschiedener Größe durchsetzt, umgibt sie diese wie eine graue, gesprenkelte Einfassung und hebt sich namentlich bei Sonnenschein von den braunroten Massen der allmählich vorspringenden Stufen und der unteren Fläche in sehr wirksamer Weise ab. Sie macht dann geradezu den Eindruck eines Kunstwerkes.

Die meisten übrigen Grubenbaue haben nicht die gleiche Regelmäßigkeit der Gestalt wie der Mahoningmine, namentlich weil die überlagernde Diluvialschicht eine verschiedenartige Mächtigkeit besitzt. Wo diese mehr als 20 m ausmacht, sieht man von der Abräumung ab. Was aber bei allen Tagebauen auffällt, ist die geringe Zahl der darin beschäftigten Personen. Von manchen Standpunkten aus erblickt man überhaupt kein menschliches Wesen, und da auch die sonstige Umgebung unbewohnt ist, so glaubt man sich in völliger Einsamkeit zu befinden, und der Phantasie ist völlige Freiheit gegeben zu denken, welchen Ursprung wohl diese Riesenaushöhlungen haben mögen.

Aber es wird gearbeitet, nur wird die Hauptsache nicht von Menschen, sondern von Maschinen getan. Eine Grube mit einer täglichen Förderung bis zu 10 000 T. gleich 200 000 Zt. Eisenerz setzt kaum mehr als 100 Personen in Tätigkeit, und diese verteilen sich auf Entfernungen von mehreren hundert Metern der Länge und 50 bis 60 m der Höhe nach. An irgend einer Stelle des Diluvialbandes sind die Abräumer irgendwo in der Tiefe bei Erzschaufeln tätig. Das von diesen hervorgerufene Geräusch verhallt in der Ferne, nur das Pfeifen und Fauchen der Donkeys verkündet, daß rüstig geschafft wird und gewaltige Massen zutage gefördert werden, die sich zu Bergen anhäufen würden, wenn das Erz nicht gleich zu den Verschiffungsplätzen weiterginge.

Tatsächlich sieht man allerdings in diesen Gegenden künstliche Aufhöhungen in Gestalt von langen Hügelreihen. Diese bestehen entweder aus dem abgeräumten Diluvialschutt oder aus minderwertigem Erz oder endlich aus brauchbarem Erz, das aus bergwerksartigen Betrieben gewonnen ist. Solche werden in der Mesabi-Range dann angewendet, wenn das Erz zu tief liegt, als daß es durch Tagebau ausgebeutet werden könnte. Vor diesem hat der Bergwerksbetrieb den Vorteil, daß er auch im Winter stattfinden kann, wo jener, wie auch die Verschiffung, ruhen muß. Die Tiefbaue der Mesabi-Range entsprechen aber keineswegs unseren strengeren Begriffen von einem Bergwerk. Denn von der Anlegung von Stollenzimmerungen, Ventilationen und sonstigen technischen Erfordernissen ist keine Rede. Nach Einsenkung und Einrichtung des Fahrschachtes hebt man das Material aus und, wenn dies geschehen, läßt man die Deckschicht einfach einstürzen und nur die Umgebung des Förderschachtes wird einigermaßen geschützt. Viele Stellen der Oberfläche des Bodens zeigen solche Einstürze und sind nur mit Gefahr zu betreten. Warnungstafeln, wie man sie in unseren Bergwerksgegenden anzubringen pflegt, fehlen. Tatsächlich kommt zwar außer den Betriebsangehörigen kaum jemand hin, aber auch so sind manche Unglücksfälle vorgekommen, von denen aber kein Aufhebens gemacht wird, wenn sie nicht höhere Beamte betroffen haben.

Das Eisenerz der Mesabi-Range kommt aber nicht nur in ungeheurer Menge vor, — man glaubt, nach dem gegenwärtigen Stande der Kenntnis den Vorrat auf 700 Millionen Tonnen schätzen zu sollen, wahrscheinlich ist er aber weit größer — sondern es zeichnet sich auch durch seinen ungewöhnlich hohen Metallgehalt und einige andere Vorzüge aus, die es namentlich zur Herstellung von Bessemer Stahl sehr geeignet machen. Außer Eisen enthält das Erz in schwankenden Prozentsätzen Phosphor, Mangan, Silicium, Aluminium und Wasser. Der Anteil des Wassers, dessen Vorhandensein durch die geologische Geschichte des Gebietes begreiflich ist, steigt bis 9 %. Der Gehalt an Silicium, Aluminium und Mangan wechselt zwischen 2 und 7 %. Gering ist die Beimischung von Phosphor. Für gewöhnlich schwankt sie zwischen 0,28 und 0,35 %, steigt aber in vereinzelten Fällen bis 2 %. Das schwache Vorhandensein von Phosphor ist aber gerade der Grund, weshalb sich das Mesabieisenerz ganz besonders zur Herstellung von Bessemer Stahl eignet.

Da es in der näheren und weiteren Umgebung des Oberen Sees durchaus an Kohlen fehlt, so kann die Verhüttung der riesigen Eisenerzmassen nicht an Ort und Stelle vor sich gehen, sondern sie werden mittels Spezialdampfern von den Häfen des Oberen Sees wie Duluth, Two Harbors, Ashland usw. auf der Seestraße nach Pennsylvanien und Ohio geschafft. Diese beiden Staaten stehen daher auch in der Bereitung von Roheisen und Stahl an erster Stelle. Von der Gesamtproduktion an Roheisen (Pig iron), die sich i. J. 1903 auf rund 18 Mill. long tons belief, entfielen auf Pennsylvanien 8.21, auf Ohio 3.29 oder zusammen zwei Drittel; in das letzte Drittel teilten sich Illinois (1.69), Alabama (1.56), New York (0.55), Virginia (0.54) und einige andere Staaten. Ähnlich ist das Verhältnis bei der Stahlbereitung. Von der Gesamtproduktion im Betrage von 14.53 Millionen l. t. (1904: 13.86 Mill. l. t.) lieferte Pennsylvanien 8.43 = 58 %, Ohio 2.70, Illinois und Indiana 1.87; der Rest zersplittert sich.

Das Jahr 1905 lieferte mittels 424 Hochöfen fast 23 Mill. Tonnen Roheisen.

Die wichtigeren der dabei beteiligten Staaten sind:

	Mill. T.	Hochöfen
Pennsylvanien..	10.58	153
Ohio	4.58	62
Illinois	2.03	21
Alabama......	1.60	49
New York	1.20	23
Virginia	0.51	26

Diese sechs Staaten haben 89 % der gesamten Eisenbereitung.

Gold ist in den Vereinigten Staaten seit den frühesten Kolonialzeiten gewonnen worden, aber zu großer wirtschaftlicher Bedeutung gelangte dieses Edelmetall erst seit den Funden in Kalifornien. Während nach einer Aufstellung von Dr. W. Raymond die Gesamtausbeute der Jahre 1792—1847 nur die Summe von 25 Mill. Dollar ausmachte, setzte das Jahr 1848 bereits mit einem Wertbetrage von 10 Mill. Dollar, 1849 lieferte 40, 1850 brachte 50, 1865 sogar 65 Mill. D. als Höchstmaß des ersten Aufschwunges. Darauf folgte eine bis 1897 reichende Depression, in der die Jahreswerte bis 30 Mill. D. (1883) herabgingen. Ein neuer Aufschwung begann mit 1897 und steigerte sich in unregelmäßiger Weise; 1903 ergab 73.59, 1904 84.55, 1905 den Höchstbetrag von 86.34 Mill. Doll. An der Goldgewinnung sind laut der amtlichen Statistik 21 Staaten beteiligt, davon acht mit so minimalen Beträgen, daß sie nicht namentlich aufgeführt zu werden brauchen. Drei stellen insgesammt 1 % dar. Die Hauptmasse verteilt sich demnach auf 10 Staaten, die sämtlich in den Cordilleren des Westens gelegen, 1903 und 1904 die folgenden Beträge aufwiesen.

	1903	1904		1903	1904
Colorado	22.54	24.46	Arizona	4.41	3.48
Kalifornien.	16.10	18.63	Utah	3.70	4.19
Alaska	8.81	9.16	Nevada	3.39	5.06
Süddacota	6.83	7.36	Jdaho	1.57	1.71
Montana	4.41	4.27	Oregon	1.29	1.41

Die ersten großen und berühmten Goldfunde wurden bekanntlich in den Flußanschwemmungen Kaliforniens gemacht, ein Umstand, der eine buntscheckige, verwegene Menschenmenge hinlockte, wie in alle Gebiete der Erde, wo die Ausbeute ohne besondere technische Kenntnisse und Hilfsmittel erfolgen kann. Aber diese Alluvialfelder oder placer mines sind allmählich sehr in den Hintergrund getreten gegenüber den Fundstätten im Muttergestein (Quarz). Von der Gesamtgewinnung des Jahres 1904 im Betrage von 4 010 729 feinen Unzen erzielte man 3 398 108 Unzen oder 85 $^0/_0$ aus Quarz, aber nur 612 621 Unzen oder 15$^0/_0$ aus placer mines, deren es 1334 gab. Letztere sind noch ansehnlich in Alaska (290 276 Unzen) und Kalifornien (241 185 Unzen), erwähnenswert nur in Idaho (23 849 Unzen). Die Art der Bearbeitung der placer mines ist zu bekannt, als daß sie hier geschildert zu werden brauchte. Bei der Behandlung des Muttergesteins (1905 Minen) verwendete man früher das Amalgamationsverfahren, wozu viel Quecksilber nötig war. Jetzt ist wohl allgemein das Mac Arthur Forrest Verfahren üblich geworden. Dabei werden die goldhaltigen Erze zu walnusgroßen Stücken zermahlen und mit einer Lösung aus Wasser und Cyankalium (Cyanide) in großen Bottichen übergossen, das das Gold herauszieht. Nach 48 Stunden läßt man die goldhaltige Flüssigkeit ablaufen und leitet sie durch Zinkspähne, mit denen sich das Edelmetall verbindet, um dann ausgeschmolzen zu werden.

Mit Südafrika und Australien gehört die Union zu den ersten Goldländern der Erde; 1902 lieferte sie fast 28$^0/_0$, 1903 beinahe 23$^0/_0$ der Gesamtausbeute. Früher lange unbestritten an erster Stelle stehend, wurde sie darin von den beiden andern Gebieten heiß umrungen und in den letzten Jahren von Australien überflügelt. Die Frage, wie sich ihr Rang in Zukunft stellen werde, läßt sich nicht mit Sicherheit beantworten, aber soviel kann man wohl sagen, daß die Zeit der placer mines vorbei ist. Auch scheint es zweifelhaft, ob das Muttergestein noch für längere Zeit genügende Vorräte zu lohnender Bearbeitung besitzt. Aber jedenfalls strengt man sich aufs äußerste an, das große Westgebirge nach Gold zu durchsuchen, und die Prospectors (Minensucher) lassen sich keine Mühe verdrießen, in die verstecktesten Täler einzudringen und an den Berglehnen ihre Versuchsschächte anzulegen.

Etwas später als das Gold ist das Silber zu wirtschaftlicher Bedeutung gelangt. Während von Dr. R. W. Raymond die Gesamtgewinnung der Jahre 1792 bis 1860 zu 1.5 Mill. Doll. (Münzwert, wie auch bei den folgenden Angaben) veranschlagt wurde, setzt das Jahr 1861, infolge Eröffnung der Comstockminen in Navada, s. S. 58, mit einer Summe von 2 Mill. ein, und diese steigerte sich von Jahr zu Jahr in fast regelmäßigem Fortschreiten bis zu dem Höchstbetrage von 82,1 Mill. Doll., der im Jahre 1892 erreicht wurde. Seitdem trat ein beträchtlicher Rückgang in dem Jahresertrage ein. Das Jahr 1903 brachte 54,3 Mill. feine Unzen im Münzwerte von 70.2 Mill. Doll., im Handelswerte von 29.32 Mill. Doll. Das Jahr 1905 lieferte 58.94 Mill. feine Unzen,

Münzwert: 76.02, Handelswert: 35.95 Mill. Doll. An der Silbergewinnung sind laut der amtlichen Statistik 21 Staaten beteiligt,
davon sieben mit belanglosen Beträgen, sieben mit Summen unter
je 600 000 Doll. Von den übrigen sieben stehen drei in der
Menge der Unzen ziemlich nahe (Zahlen in Millionen für 1904),
nämlich Colorado (13.94), Montana (12.81) und Utah (12.05);
diese stellen zwei Drittel der Gesamtausbeute. Darauf folgen
Idaho (7.66), Nevada (4.27), Arizona (2.31) und Kalifornien
(1.48); also sämtlich westliche Staaten. Nach der bergmännischen
Herkunft des Silbers der Union sind die Bleierze am wichtigsten;
sie lieferten 1903 mit 25.68 Mill. Unzen fast die Hälfte der
Gesamtausbeute und werden namentlich in Colorado, Utah und
Idaho gefunden. Demnächst folgt Quarz mit 16.63 Mill. Unzen,
vornehmlich in Nevada, Montana, Colorado, Arizona und Idaho.
Kupfererze, 13.84 Mill. Unzen, haben ihre Verbreitung vorzugs-
weise in Montana (8.68), außerdem in Utah und Arizona.

Von der Silbergewinnung der Erde kamen auf die Union
1897: 43 %, 1902: 34 %, 1903 nur 32 %. Einen ernstlichen
Mitbewerber um den ersten Platz hat sie nur in dem benachbarten
Mexiko und diesem ist sie in den letzten Jahren auch unterlegen;
denn dieses brachte 1902 fast 37%, 1903: 41% zustande.
Hinter den beiden Nachbarrepubliken bleiben die Silberländer
zweiten Ranges: Australien und Bolivia weit zurück.

Im Verhältnis zu Gold hat das Silber zwar niemals einen
festen Wert gehabt, aber bis zum Jahre 1873 waren die Schwankungen doch nicht beträchtlich, und das Verhältnis beider Edelmetalle erreichte niemals ganz 1 16 (1873: 1 : 15.93). Aber
mit 1874 setzte die Entwertung des Silbers rasch ein und erreichte im Jahre 1902 mit 1 : 39.15 ihre äußerste Grenze. 1903
stand es wie 1 : 38.10, d. h. eine feine Unze Silber hatte den
Handelswert von 54 Cents oder 277 Pfennig.

Rechnet man die Beträge für Gold und Silber (Handelswert) zusammen, so lieferte das Jahr 1903 in der Union eine
Summe von rund 103 Mill. Doll. oder 433 Mill. Mark. Von den
einzelnen Staaten steht dabei Colorado (29.55) an erster Stelle;
an zweiter folgen Kalifornien (16.61) und Montana (11.24), an
dritter Utah (9.74), Alaska (8.69), Süddacota (6.95), Arizona
(6.18), Nevada (6,11) und Idaho (5.08); sonst ist nur noch
Oregon (1.35) zu nennen.

In der Gewinnung von Kupfer hat sich die Union aus
kleinen Anfängen heraus zur unbestrittenen Beherrscherin der Weltproduktion emporgearbeitet, denn 1904 stellte es davon mehr als
die Hälfte (55%), 1905 aber wahrscheinlich einen noch höheren
Betrag. Seit den vierziger Jahren des vorigen Jahrhunderts war

es zunächst das Südufer des Oberen Sees, das die Hauptmengen lieferte, dann erhielt es, seit 1883, in Montana und Arizona scharfe Wettbewerber, und schon seit 1885 nahm ersteres die leitende Stellung ein, ohne sie bisher wieder zu verlieren. Die Gesamtausbeute an Kupfer war bis in die 1860er Jahre nicht sehr beträchtlich gewesen; 1880 überschritt sie das erste Hunderttausend long tons, 1896 das zweite, 1903 das dritte (1904: 364 000 l. t.) und 1905 sogar das vierte. In den letzten drei Jahren stellte sich die Ausbeute bei den wichtigeren unter den beteiligten Staaten in Millionen Pfunden wie folgt:

	1903	1904	1905
Montana	272.5	298	335
Michigan	192.4	208	221
Arizona	147.6	192	255
Neu-Mexiko	7.3	5.4	8
Kalifornien	17.8	28.5	20
Utah	38.3	47.0	60
Colorado	4.2	9.5	8
Alaska	1.3	5.0	6.5
Wyoming	1.0	3.6	7.5
Jdaho	0.8	2.2	3.0
Die übrigen Staaten	13.8	15.2	16.5

In der Gewinnung von Blei steht die Union ebenfalls an der Spitze der Weltproduktion. Diese betrug 1903 880 300 T., und davon lieferte die Union 262 200 T. oder fast 30 %, die anderen wichtigeren Bleiländer sind Spanien (163 400), Deutschland (145 300) und Mexiko (100 000). Die Bleierzeugung der Union war bis in die 1870er Jahre unbeträchtlich; dann begann sie fast regelmäßig zu steigen bis zu dem Höchstbetrage von 313 553 short tons = 280 000 long tons im Jahre 1904. Die Hauptproduzenten sind Idaho mit einem Drittel, Utah und Colorado mit je einem Sechstel sowie die Staaten am mittleren Mississippi, welche zusammengenommen ebenfalls ein Drittel aufbringen.

An Zink gewann die Union 1903: 159 219, 1904: 186 702 short tons und behauptet damit den zweiten Rang in der Weltproduktion, während Mitteleuropa (Deutschland und Belgien) den ersten innehat.

1904	long tons
Deutsches Reich	188 055
Belgien	137 780
Union	166 700

Die Zinkgewinnung beschränkt sich in der Hauptsache auf die drei Staaten Illinois, Kansas und Missouri. Von diesen hatte der erstgenannte die Führung bis 1898, dann wurde er von Kansas überholt, das neuerdings über die Hälfte liefert. Seit 1903 findet sich auch eine Kleinigkeit in Colorado. — An Quecksilber wurden 1903: 37 123 Flaschen zu 76.5 Pfund, 1904 davon 43 631 hergestellt; davon 37 123 in Kalifornien, der Rest in Texas.

In der Produktion von Petroleum hat sich die Union seit 1902 wieder an die Spitze der daran beteiligten Länder gestellt, nachdem sie eine Zeitlang von Rußland enttront gewesen war. In Millionen an Barrels zu 42 Gallonen (1 Barrel = 159 Liter oder 131 kg) lieferte sie 1901: 69.39 ($42\,^0/_0$ der Weltproduktion), 1902: 88.76 ($48\,^0/_0$), 1903: 100.46 ($51\,^0/_0$) und 1904: 117.0. Man unterscheidet vier Hauptfelder und einige nebensächliche. Von den ersteren lieferte das appalachische 1903 $31.41\,^0/_0$, das kalifornische $24.27\,^0/_0$, das von Lima-Indiana $23.97\,^0/_0$ und das von Texas $17.87\,^0/_0$. Nach Staaten verteilte sich 1903 die Gewinnung von Rohöl in Millionen von Barrels wie folgt: Kalifornien 24.38, Ohio 20.48, West Virgina 12.89, Pennsylvanien 11.35, Indiana 9.18, Texas 7.52, New York 1.16, Kansas 0.93, Louisiana 0.92, Kentucky und Tennessee je 0.55. Neuerdings hat man die Beobachtung gemacht, daß die älteren Ölfelder des Ostens stationär zu bleiben scheinen trotz zahlreicher Neubohrungen (1904: 16 432 Bohrungen, darunter 3162 ohne Erfolg), während die Erträge in den neuen Gebieten, namentlich in Texas, Louisiana, Kansas und Kalifornien (besonders in Kernriver distrikt) beträchtlich stiegen. Bekanntlich wird das amerikanische Ölgeschäft von der Rockefellerschen Standard Oil Company (Kapital über 100 Mill. Doll.) beherrscht. Auf diese entfallen gegenwärtig etwa $90\,^0/_0$ des Ausfuhrhandels; im inländischen Verkehr beträgt der Prozentsatz 84. Die Ölproduzenten Pennsylvaniens, Ohios, Kentuckys und West Virginias liefern fast ihr ganzes Petroleum an sie; die großen neuen Ölfelder in Texas und Kalifornien gehören dem Petroleumtrust. Großen Gewinn werfen die Nebenprodukte ab, deren mehr als 200 gezählt werden. Die Standard Oil Company hat in Amerika nur eine einzige bedeutende Konkurrentin, die Pure Oil Company, die eine eigene Röhrenleitung nach der Meeresküste besitzt.

Die Gewinnung von Naturgas, das man teils zur Beleuchtung, teils zu technischen Zwecken benutzt, hat sich neuerdings sehr gehoben und seit 1898 dem Werte nach reichlich verdoppelt; das Jahr 1903 ergab 35.8 Mill. Doll. Der Hauptproduzent, mit etwa der Hälfte des Betrages, ist von jeher Pennsylvanien, außerdem sind namentlich West Virginia, Indiana, Ohio und Kansas beteiligt. Rechnet man Petroleum und Naturgas zusammen, so ergeben sie für 1903 einen Gesamtwert von 130.51 Mill. Doll. Davon entfielen auf

Pennsylvanien	34.35	Kalifornien	7.50
Ohio	30.71	New York	2.34
West Virginia	27.39	Kansas	2.11
Indiana	16.57	der Rest auf 12 Staaten.	
Texas	7.54		

Die Phosphatlager an den Küsten von Florida sowie in Tennessee warfen 1903 eine Summe von 7.09, 1904 von 5.70 Mill. Doll.; damit behauptet die Union die erste Stelle unter den Phosphatländern der Erde.

Die Gewinnung von Salz ist gegen früher sehr gesteigert worden und ergab 1902 den Höchstbetrag von 23.85 Millionen Barrels, 1903 aber nur 18.97 im Werte von 5.28 Mill. Doll. Die Hauptsalzstaaten sind New York (43.1 %) und Michigan (22.6 %); weiterhin folgen Ohio (14.7 %) und Kansas (8.2 %), mit noch geringeren Beträgen Kalifornien, Texas, Utah, Louisiana und West Virginia. Da der Verbrauch der Union zwischen 20 und 25 Mill. Barrels schwankt, so ist eine entsprechende Einfuhr nötig. Immerhin nimmt aber unter den Salzstaaten der Erde (Weltproduktion 13 769 201 short tons) die Union die erste Stelle ein, wie folgende Tabelle zeigt.

	sh. t.		sh. t.
Union	3 339 891	Japan	761 575
Rußland	2 169 696	Österreich-Ungarn	575 936
Großbritannien	2 121 126	Italien	505 401
Deutschland	1 745 226	Spanien	470 057
Indien	1 554 914		

Unter dem Posten „Steine" (stones) der offiziellen Statistik sind Granit, Trapp, Sandstein, Schiefer, Blaustein, Marmor und Kalkstein zusammengefaßt. Der Gesamtwert: 67.96 Mill. Doll. verteilte sich in der Weise, daß auf Kalkstein 26.64, auf Granit 15.70, auf Sandstein 9.48, auf Schiefer 6.25, auf Marmor 5.36, auf Trapp 2.73 und auf Blaustein 1.78 Mill. Doll. entfielen. Kalkstein findet sich namentlich in den Staaten Pennsylvanien, Illinois, Ohio, Indiana, New York, Missouri und Wisconsin; für Granit sind besonders Massachusetts, Maine, New Hampshire und Kalifornien bekannt. Sandstein liefern vornehmlich Pennsylvanien, Ohio und New York; Schiefer bricht man in Pennsylvanien und

Vermont. Marmorbrüche gibt es vorzugsweise in Vermont, außerdem in Georgia, Tennesse und New York.

Die Gewinnung von Zement, in den letzten Jahren sehr gesteigert, 1901: 12.71, 1903: 22.34 Mill. Barrels, bezieht sich hauptsächlich auf Pennsylvanien (fast die Hälfte in den Lehigh und Northampton Counties); wichtig sind außerdem New Jersey (Warren County), Michigan, New York, Illinois, Missouri, Indiana, Kansas und Kalifornien.

Gyps wird hauptsächlich in den Prairiestaaten Jowa, Kansas und Texas sowie in Michigan gefunden. Bei einer Gesamtproduktion von 1 041 704 short tons im Werte von 3.79 Mill. Doll. ist die Union der zweite Staat der Erde; Frankreich der erste, Canada der dritte, Großbritannien der vierte und Deutschland der fünfte.

Die natürlichen Mineralquellen ergaben die verhältnismäßig höchsten Werte in New York und Wisconsin, außerdem in Kalifornien und Virginien.

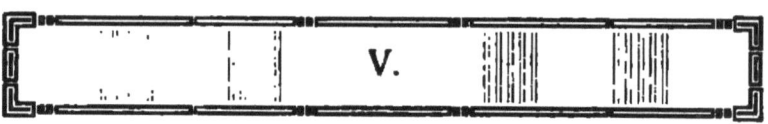
Die Rohproduktion des Pflanzenreichs.

Bei der Rohproduktion des Pflanzenreichs ist zwischen der Nutzung von den wildwachsenden Pflanzen und den Erträgen des Pflanzenbaues zu unterscheiden. Die Nutzung der wildwachsenden Pflanzen besteht in Holz, Rinde, Säften (Harz, Ahornsaft) und Beeren.

Der natürliche Reichtum der Union an Wald, s. S. 21 und an brauchbaren Holzarten ist oder vielmehr war nach Menge und Güte sehr groß, größer vielleicht als in irgend einem andern Gebiete der Erde von gleicher Größe. Aber im Laufe der Zeit ist sehr stark damit aufgeräumt worden, ohne daß für Nachwuchs gesorgt worden wäre, und für keinen Wirtschaftsbetrieb ist der Ausdruck „Raubbau" mehr am Platze als für die schonungslose Ausbeutung der herrlichen Wälder, die geradezu als Waldverwüstung bezeichnet werden muß. Sie steht nicht nur im Zusammenhange mit der üblichen Methode und den Bedürfnissen der Besiedelung und des Bodenanbaus, sondern sie erfolgt auch vielfach aus Leichtsinn, Unachtsamkeit, Übermut und Absicht und hat daher einen Umfang angenommen, wie er nirgends in der Welt und zu keiner Zeit beobachtet worden ist. Die Beseitigung des ursprünglichen Waldkleides zum Zwecke der Besiedelung und des Bodenanbaus hat namentlich in der östlichen Hälfte der Union sowie teilweise im Süden in großer Ausdehnung stattgefunden und fast alle gegenwärtigen Ackerbauflächen betroffen, aber seitdem die Besiedelung den Mississippi überschritten hat und in die waldlosen Prairien eingedrungen ist, gehört sie hier größtenteils der Vergangenheit an. Für die Urbarmachung des Waldbodens wendet man von jeher zwei rohe Hauptarten an. Entweder schlägt man Stamm für Stamm ab und schafft das Holz, soweit es nicht zur Einfriedigung der Pflanzungen gebraucht wird, beiseite oder man haut die größeren Stämme im Juni oder Juli am unteren Ende mehrmals ringsum an (girdling), damit sie infolge Aufhörens des Saftzuflusses allmählich eingehen. In beiden Fällen wird das Unterholz vorher abgeschlagen, und nachdem es getrocknet ist, was in heißen Sommern rasch vor sich geht, angezündet. Das schnell um sich greifende Feuer verzehrt nicht nur das am Boden liegende Unterholz, sondern greift auch die Stämme an, züngelt an ihnen empor und verkohlt sie, daß sie dann wie schwarze Ungetüme in den grünenden oder reifenden Feldern dastehen oder wenn sie nach einiger Zeit die Rinde verloren haben, wie riesige Leichensteine aussehen.

Da, wo die Besiedelung noch nicht weit vorgeschritten ist oder der Boden wegen seiner unebenen oder steinigen Beschaffenheit für landwirtschaftliche Zwecke untauglich ist, wie dies vielfach in den Umgebungen der großen Seen und in den Gebirgen der pazifischen Küstengegenden der Fall ist, sind ungeheure Waldverwüstungen vorzugsweise durch furchtbare Feuersbrünste angerichtet worden. In manchen Gegenden sind dadurch Strecken von dem Umfange einer preußischen Provinz in fast ununterbrochenem Zusammenhange zerstört worden, und die davon betroffenen Bestände bieten einen wahrhaft erschreckenden Anblick dar. Nach ganz oder ziemlich frischen Bränden ist, soweit das Auge reicht, aller Unterwuchs verbrannt und alles Grün vernichtet. Die Stämme sind zwar meist stehen geblieben oder teilweise umgestürzt, aber sie sind ihrer Belaubung, ihrer Zweige und kleineren Äste beraubt, von unten bis oben angekohlt und stellenweise ausgebrannt. Solche durch Brand heimgesuchte Wälder, in kennzeichnender Weise als „tote Wälder" (dead wood) bezeichnet, haben entweder gar keinen Wert oder lassen sich bestenfalls zur Gewinnung von Brennholz verwenden.

Die Ursachen der verwüstenden Waldbrände sind verschiedener Art. Entweder sind es Ausläufer der Prairiefeuer oder der Klärungsfeuer der Landleute oder sie entstehen durch Unachtsamkeit seitens der Indianer, Jäger, Prospektors, Vergnügungsreisenden (Camping parties) usw. Alle diese Leute machen sich bei ihren sommerlichen Streifzügen durch den Wald Lagerfeuer, ohne sich im mindesten darum zu kümmern, ob und wie sich diese fortpflanzen. Nicht selten werden Waldbrände aber auch durch Holzarbeiter (Lumbermen) und Schafhirten veranlaßt. Schäfer legen absichtlich Feuer an, weil sie glauben, daß nach Zerstörung der Holzbestände der Graswuchs an den Bergabhängen reichlicher ausfällt. Lumbermen bedienen sich des Feuers, um den ihnen unbequemen Unterwuchs zu zerstören und sich dadurch ihre Arbeit wesentlich zu erleichtern.

Durch alle diese Feuer werden aber nicht nur alljährlich ungeheure Massen von Holz vernichtet, sondern auch andere schwere Beschädigungen angerichtet, die für Jahrzehnte hinaus, wenn nicht für die ganze Zukunft fortwirken. Wo nämlich das Feuer mit ungeheurer Gewalt auftritt oder sich an ein und derselben Stelle häufiger wiederholt, zerstört es den Humus und macht den Nachwuchs entweder unmöglich oder verhindert ihn für längere Zeit. An den steileren Abhängen spült dann das Wasser die erdigen und leichteren Bodenbestandteile weg und läßt nur das nackte, unfruchtbare Felsgestein zurück. Dadurch wird das Land zur völligen Wüste. Aber auch da, wo der Boden nicht zu schwer geschädigt ist, kommt er doch selten wieder dazu, einen ordentlichen Waldwuchs entstehen zu lassen. Die etwa aufwachsenden Bäume sind schwach und haben so geringen Halt, daß sie ein kräftiger Wind entwurzelt. Solche Strecken bedecken sich dann allmählich wohl mit dichtem Buschwerk und Gestrüpp, aber sie haben dann nicht nur keinen wirtschaftlichen Wert, sondern bilden vielmehr ein schweres Verkehrshemmnis.

Nach dem Besitzverhältnis zerfallen die Waldungen der Vereinigten Staaten in drei Klassen: in die der Zentralregierung, in die der einzelnen Staaten und in den Privatbesitz. Die Zentralregierung in Washington D. C. besitzt nicht nur die im Laufe der letzten Jahre zurückerworbenen Forstreserven, deren Umfang im Jahre 1904: 62.7 Mill. Acres = 250 800 qkm betrug, sondern auch eine Reihe von Beständen in den Territorien, namentlich in Alaska. Den einzelnen Staaten gehören einerseits solche Waldgebiete, die sie sich von vornherein reserviert hatten, anderseits solche, die sie aus irgend einem Grunde aus dem Privatbesitz zurückgekauft haben. Viel umfangreicher als diese beiden Klassen von Staatswaldungen sind die Besitzungen von Privatpersonen, Gesellschaften und Stiftungen. Der Privatbesitz rührt entweder von früherer Okkupation oder von Ankäufen her, die bei der Veräußerung von Staatsländereien gemacht worden sind.

Wie bereits bemerkt, ist der anfänglich ungeheure Vorrat an schlagbarem Holze im Laufe der Zeit, namentlich in den letzten sechs Jahrzehnten ungemein vermindert worden. Früher schätzte man ihn auf 2300 Milliarden laufende Fuß (board measure), die ungefähr zu gleichen Teilen auf die atlantische und auf die pazifische Seite, s. S. 22, entfielen. Jetzt beziffert man die schlagbaren Bestände auf wenig mehr als 1000 Milliarden laufende Fuß, von denen etwa drei Fünftel auf den Westen und zwei Fünftel auf den Osten kommen. Da nach der ziemlich genauen Feststellung durch den Zensus des Jahres 1900 der Jahresverbrauch der Union durchschnittlich 29 Milliarden laufende Fuß ausmacht, so würden, bei gleichem Verbrauche, die gegenwärtigen Vorräte in ungefähr 35 Jahren erschöpft sein. Einige der wertvollsten Bäume des Ostens wie die White pine, die Longleaf pine, der Walnuß- und der Tulpenbaum sind schon jetzt beinahe verschwunden. Den Gesamtwert der jährlichen Abholzungen bemißt man zu 300 Mill. Mk., den der Sägemühlenerzeugnisse zu rund 2500 Mill. Mk. und den von Harz und Terpentin zu etwa 90 Mill. Mk. Es gibt ungefähr 15 000 Holzcamps und gegen 31 000 Sägemühlen. Nach dem Zensus 1900 war das Holzgeschäft mit allen seinen Zweigen die drittwichtigste Industrie des Landes und wurde an wirtschaftlicher Wertbedeutung nur von der Textil- und der Eisenindustrie übertroffen. Es wies 47 079 Betriebe mit einem Kapital von fast 4 Milliarden Mk. auf und beschäftigte 31 110 Beamte und 546 953 Arbeiter mit einem Jahreslohne von rund 1 Milliarde Mk. Von dem Gesamtwerte der Sägemühlenerzeugnisse wird etwa der zwölfte Teil ausgeführt.

Schon aus diesen Angaben geht hervor, daß der Holzverbrauch in der Union ein ungewöhnlich hoher ist. Jedenfalls übertrifft er den der altweltlichen Kulturstaaten in erheblichem Maße, er soll pro Kopf und Jahr zehnmal größer als der Verbrauch des Deutschen Reiches und zwanzigmal größer als der von Großbritannien sein. Zunächst wird drüben eine ungeheure Masse Holz zu Brennzwecken verwendet, mehr als die Hälfte der jährlichen Abholzungen; die Schätzungen schwanken zwischen 15 und 18 Milliarden laufende Fuß (reichlich 200 Fuß pro Kopf und Jahr). Die ungewöhnlich große Menge erklärt sich einmal daher, daß in vielen Gebieten ausschließlich oder vorwiegend mit Holz geheizt werden muß, weil Kohle fehlt, anderseits trotz der südlichen Lage des Landes (Süddeutschland bis Nordafrika) der Frost nirgends ganz fehlt, vielfach aber der Winter mit außerordentlicher Strenge auftritt. Da der Sommer auch starke Wärme bringt, so können die Nordamerikaner die Kälte nicht gut vertragen und heizen sehr kräftig ein. Ferner ist seit Beginn der Besiedelung durch Europäer sehr viel Holz zum Bau von Häusern aller Art verwendet worden und wird es noch. Anfangs wurden überhaupt alle Gebäude aus Holz errichtet, zuerst aus rohen Stämmen, später aus Balken, Bohlen, Brettern, Latten, Schindeln usw. In den großen Städten, namentlich des Ostens, haben zwar die Holzbauten vielfach Gebäuden aus Stein, Eisen und Stahl Platz gemacht, aber sonst herrscht überall der Holzbau noch vor. Man kann sagen, daß etwa vier Fünftel sämtlicher Gebäude ganz aus Holz bestehen.

Dazu kommt, daß einige wichtige Wirtschaftszweige wie die Landwirtschaft, der Bergbau und das Verkehrswesen einen sehr hohen Holzverbrauch gehabt haben und noch aufweisen. Seit Beginn der Besiedelung mußten alle Pflanzungen eingefriedigt werden, teils zum Schutze gegen schädliche Wildtiere, teils mit Rücksicht auf den Umstand, daß die Zuchttiere meist nicht in Ställen, sondern auf freier Weide gehalten werden. Diese Einfriedigungen („fences") bestanden bis in die neueste Zeit ausschließlich aus Holz, und bei ihrer Herstellung verfuhr man in sehr verschwenderischer Weise. Große Stämme wurden nämlich zu langen Vierteln in Scheitform gespalten und diese mit den äußersten Enden in der Weise aufeinandergelegt, daß die einge-

friedigten Felder wie große Vielecke aussehen. Heute ist der
Bedarf an Holz für Einfriedigungen nicht mehr so groß wie früher,
teils weil man rationeller verfährt oder teilweise Draht dazu verwendet, teils weil in manchen Staaten der Einfriedigungszwang
aufgehoben worden ist. Daß der Bergbau sehr große Holzmassen
erfordert, wird einem klar, wenn man bedenkt, daß die Union
die größte Mineralproduktion unter allen Ländern der Erde hat.
Ganz außerordentlich groß ist der Bedarf an Holz für Verkehrs-
zwecke. Man bedenke nur, daß in den letzten 75 Jahren gegen
350 000 km Eisenbahnen gebaut worden sind. Dabei wurden
nicht nur sämtliche Schwellen, Bahnhöfe, die Oberteile der Wagen
usw. aus Holz gemacht, sondern auch alle Brücken und Viadukte.
Erst neuerdings hat man angefangen, die sog. Trestle works zu
beseitigen und dafür Anlagen aus Stein, Eisen und Stahl zu er-
richten. Hier ist auch zu erwähnen, daß die Handelsflotte der
Vereinigten Staaten noch überwiegend aus hölzernen Schiffen besteht und die Verwendung von Eisen und Stahl für solche Zwecke
lange nicht den Umfang hat wie in den tonangebenden Staaten
Europas. Endlich sind auch die Fußwege in den Ortschaften,
die sog. side walks, ursprünglich sämtlich aus Holz hergestellt
gewesen, und viele sind es noch bis auf den heutigen Tag.

Nimmt man zu den eben geschilderten Verwendungsarten
die Bedürfnisse an Holz zur Herstellung von Holzkohle, Zellu-
lose und zu unzähligen Kisten, endlich zur Fabrikation zahlreicher
und mannigfaltiger Artikel, wie sie auch in Europa aus Holz gemacht werden, so wird man den ungewöhnlich großen Holzverbrauch der Union verstehen, ungerechnet die Verwüstung und
Zerstörung von stehendem Holz durch Waldbrände, deren Schaden
man jährlich zu mindestens 50 Millionen Mark veranschlagen
muß.

Die Ausbeute der Wälder durch das Sägereigeschäft
hat in größerem Maßstabe vor etwa fünf Jahrzehnten im Osten begonnen und sich von da nach Westen fortgesetzt. Aber in einigen
Jahrzehnten werden die Vorräte des atlantischen Ostens bis auf
die Staatsreservationen aufgebraucht sein, und es bleibt noch der
pazifische Westen übrig, der allerdings noch gewaltige Bestände
teilweise von höchstem Werte besitzt. Nach einer Aufmachung
vom Jahre 1897 hat der Westen in 17 Staaten 590 000 qkm
Forsten und 667 600 qkm bewaldetes Land, wobei aber nur die
Forsten schlagbare Bestände aufweisen. In erster Linie stehen
dabei die Staaten Washington, Oregon und Kalifornien (der
Norden); die Forsten dieser drei machen eine Gesamtfläche von
rund 250 000 qkm aus. Das bewaldete Land hat wenig wirtschaftlichen Wert.

Um der Waldverwüstung entgegenzuwirken, hat es nicht an Bemühungen gefehlt. Seit mehreren Jahrzehnten besteht die American Forestry Organisation, die sich aus Vertretern aller Staaten zusammensetzt und viele Zweigvereine besitzt, alle von dem Streben erfüllt, auf eine vernünftigere Behandlung der Wälder hinzuarbeiten. Von den Einzelstaaten war es zuerst New York, der eine Forstkommission einsetzte und Waldreservationen einführte; eine solche großen Stils findet sich z. B. in den Adirondacks am Lake George. Andere Staaten sind nachgefolgt und haben besondere Forstgesetze eingeführt. Auch die Zentralregierung ist in diese Bewegung eingetreten, und seit 1891 ist der Staatspräsident ermächtigt, staatliche Forstreserven anzulegen, die namentlich in dem stark gefährdeten Westen neuerdings beträchtlich erweitert worden sind. Endlich besteht in den meisten Staaten ein Arbor Day teils als gesetzliche Institution teils als Feiertag in den Schulen, um auch die Jugend mit diesen wichtigen Bestrebungen vertraut zu machen. Alle diese und andere Anstrengungen sind gut gemeint, haben aber, mit Ausnahme der Forstreserven, noch keinen weitreichenden Erfolg gehabt. Die Einrichtung von Staatswaldungen ist tatsächlich der einzige Weg, der mit Sicherheit dazu führen kann, die vorhandenen Bestände zu schützen und die zerstörten in sachgemäßer Weise wieder herzustellen.

Die Ausbeute von Terpentin bezieht sich auf die Staaten Nord Carolina, Süd Carolina, Georgia und Alabama und ist ebenfalls ein Raubbau, da die Bäume am unteren Stammende mit Einschnitten versehen werden und nach mehreren Jahren zu Grunde gehen. Die Terpentinkiefersorten von Louisiana, Mississippi und Texas sind besser erhalten, aber nicht so umfangreich als die der genannten Staaten.

Zucker und Saft vom Ahorn gewinnt man hauptsächlich in Vermont und New York.

Der Pflanzenbau (Bodenbau) oder die Landwirtschaft ist der älteste und in gewisser Beziehung auch bis auf den heutigen Tag der wichtigste Wirtschaftszweig der Union, denn abgesehen davon, daß er fast alle Nahrungs- und Genußmittel für die rasch wachsende Bevölkerung darbietet, liefert er die bedeutendsten Rohstoffe für die Industrie und mittelbar oder unmittelbar die größten Beträge für die Ausfuhr. Auch gehört ihm der verhältnismäßig größte Teil der erwerbstätigen Bevölkerung an. In den kolonialen Zeiten, wo die Rohproduktion die Vorherrschaft hatte, stand er noch mehr im Vordergrunde als jetzt, insofern als Nebentätigkeiten nur die Fischerei, die Jagd, die Waldausbeute und die Viehzucht in Betracht kamen. Damals waren es auch nur Bodenerzeugnisse wie Tabak, Weizen und Mais, die in bescheidenen Mengen nach England befördert wurden. Baumwolle kam erst gegen Ende des 18. Jahrhunderts hinzu.

Mit dem stärkeren Hervortreten der Mineralproduktion und der Industrie ist zwar die Vorherrschaft des Pflanzenbaues eingeschränkt worden, aber durch die gewaltigen Fortschritte der Industrie und des Verkehrswesens erhielt er doch auch sehr wichtige Förderung. Er konnte sich schnell über alle dazu geeigneten Teile des Staates ausbreiten, auf unmittelbaren Absatz seiner Erzeugnisse rechnen und durch die von der Industrie hergestellten zahlreichen und ungemein verbesserten Werkzeuge (Maschinen) die Masse und die Güte seiner Früchte in viel höherem Maße steigern, als dies mit den einfachen Hilfsmitteln, deren sich der europäische Landwirt vielfach noch bedient, möglich gewesen wäre. Zu der umfassenden Einführung von Maschinen in den landwirtschaftlichen Betrieb kamen noch einige andere fördernde Momente hinzu. Dazu gehört in erster Linie der Umstand, daß der Boden in dem großen Flachlande zwischen den Alleghanies und dem Felsengebirge sowie längs der Golfküste großenteils aus tiefgründigen Anschwemmungen besteht und auf viele Jahre hinaus keiner Düngung bedarf, sondern nur von Zeit zu Zeit tief aufgepflügt zu werden braucht. Ferner teilen die amerikanischen Farmer die bekannte Eigenschaft ihrer Landsleute, nicht am Alten zu hängen, sondern so rasch als möglich die neuesten und wirksamsten Geräte und Betriebsarten in Anwendung zu bringen. Von großer Bedeutung ist endlich die Leichtigkeit, mittels des Heimstättegesetzes, auf das wir später zurückkommen, Grundbesitz zu erwerben, sowie das Bestreben der Eisenbahngesellschaften, die näheren und ferneren Umgebungen ihrer Linien möglichst schnell zu besiedeln und diese dadurch ertragsfähiger zu machen.

Der zahlenmäßige Nachweis des enormen Umsichgreifens des Bodenanbaus in der Union kann leider nicht bis in die frühesten Zeiten des Staates zurückverfolgt werden, da die offiziellen statistischen Aufnahmen erst seit 1866 das ganze Staatsgebiet umfassen und von da an mit der erforderlichen Genauigkeit und Sorgfalt, mit Ausnahme des Zensus von 1890, vorgenommen worden sind. Der Fortschritt in der Zahl der Farmen, der erwerbstätigen Personen, des Besitzwertes und des Ertragswertes gestaltete sich in dem Zeitraume 1870—1900 wie folgt:

	Zahl der Farmen	Zahl der erwerbstätigen Personen.	Besitzwert Mill. Doll.	Ertragswert Mill. Doll.
1870	2.659 985	5.922 471	8 945	1958
1880	4.008 907	7.713 875	12 180	2212
1890	4.564 641	8.565 926	16 082	2460
1900	5.739 657	10.438 219	20 514	3764

Der Besitzwert der Farmen betrug demnach im Jahre 1900 86 159 Mill. Mk., der Ertragswert 15 809 Mill. Mk.; der Mittelwert einer jeden Farm machte rund 15 000, der Mittelertrag rund 2070 Mk.

Bei allen Zahlenangaben, die sich auf den Bodenanbau beziehen, ist zwischen Farmland und inproved land zu unterscheiden. Farmland ist derjenige Grund und Boden, der von Landwirten erworben worden ist, ohne Rücksicht darauf, ob er benutzt wird oder nicht, also landwirtschaftlicher Grundbesitz. Unter „improved land" hat man diejenigen Teile des landwirtschaftlichen Grundbesitzes zu verstehen, an denen, wie der Name sagt, irgend eine Verbesserung stattgefunden hat. Aber daraus ist keineswegs der Schluß zu ziehen, daß das improved land dauernd und in seinem ganzen Umfange bebaut wird. Im überwiegendem Maße geschieht dies auch, aber wie gesagt, nicht unbedingt und in allen Fällen. Es kann beispielsweise auch blos eingezäumt sein, um für Viehweide oder sonst etwas anderes benutzt zu werden.

Der Fortschritt in dem Umsichgreifen des landwirtschaftlichen Grundbesitzes und des verbesserten Landes geht aus der nachfolgenden kleinen Tabelle hervor:

landwirtlicher Grundbesitz			ver-bessert. Land	Proz. d. letzteren
1850	Mill. ha.	117.6	45.2	38 %
1860	„	162.8	65.2	40 %
1870	„	163.1	75.6	48 %
1880	„ „	214.4	114.0	53 %
1900	„ „	336.0	165.9	49 %

Der geringe Zuwachs in dem Jahrzehnt 1860/70 erklärt sich durch den Bürgerkrieg, der einen großen Teil der südlichen Plantagenwirtschaft zerstörte. Bis zu einem gewissen Grade wird, der Gesamtheit gegenüber, diese schwere Schädigung durch die Zunahme des verbesserten Landes ausgeglichen, die namentlich dem mittleren Mississippigebiete zugute kam. Von 1880 bis 1900 betrug die Zunahme des landwirtschaftlichen Grundbesitzes im Jahresdurchschnitt 6.1 Mill. ha, die des verbesserten Landes 2.6 Mill. ha. Überträgt man dieses Mittel auf den Zeitraum 1901/1905, so würde augenblicklich der landwirtschaftliche Grundbesitz rund 366, das verbesserte Land etwa 179 Mill. ha ausmachen. Aber auch in diesem Falle stellt der erstere noch nicht die Hälfte (47%), das letztere noch nicht ein Viertel (23%) des Hauptstaatskörpers (also ohne Alaska) dar.

6*

Es gewährt ein gewisses Interesse, einige Vergleichs-
zahlen aus Europa mitzuteilen, wobei allerdings bemerkt
werden muß, daß wegen der Verschiedenartigkeit der landwirtschaftlichen Verhältnisse in beiden Gebieten ein bedingungsloser
Vergleich nicht stattfinden kann. Aber wir können uns der Wahrheit
einigermaßen nähern, wenn wir die Vereinigung von Pflanzenbau-
land, Wiesen- und Weideland oder das gesamte Nutzland Europas
auf eine Stufe mit dem landwirtschaftlichen Grundbesitz der Union
und das Ackerland Europas mit dem verbesserten Land der
Union stellen. Die % beziehen sich auf den Anteil an der gesamten Bodenfläche.

	Gesamtes Nutzland %	Acker-land %		Gesamtes Nutzland %	Acker-land %
Belgien	70.0	42.6	Bosnien	41.4	24.7
Dänemark	75.1	44.2	Portugal	51.3	22.4
Deutsches Reich .	64.7	48.5	Rumänien	54.5	41.2
Frankreich......	69.9	56.3	Rußland........	42.1	26.2
Griechenland....	54.6	14.0	Finnland	7.3	2.3
Großbritannien ..	78.7	12.9	Schweden	12.1	8.5
Italien	61.2	39.9	Norwegen	4.9	2.1
Niederlande	65.0	26.5	Schweiz........	53.4	?
Österreich	80.3	36.7	Serbien	33.3	25.7
Ungarn	67.1	42.7	Spanien	58.8	35.4

Aus dieser Tabelle geht hervor, daß hinsichtlich des landwirtschaftlichen Grundbesitzes die Union auf etwas höherer Stufe
als Rußland steht und nur Bosnien, Serbien, sowie die nordischen
Länder hinter sich läßt, also Gebiete, die entweder in der Entwicklung zurückgeblieben sind oder wegen ihrer gebirgigen und
klimatischen Beschaffenheit eine geringe Ausdehnung der Landwirtschaft zulassen.

Bezüglich des verbesserten Landes steht die Union etwa
auf gleicher Stufe mit Portugal und Bosnien; mit Ausnahme von
Griechenland und den nordischen Ländern stehen ihnen voran alle
europäischen Staaten, namentlich Frankreich und das Deutsche
Reich, wo das Ackerland im Verhältnis zur gesamten Bodenfläche
größer ist als der landwirtschaftliche Grundbesitz in den Vereinigten
Staaten.

Wenden wir uns zu dem Werte des Farmeigentums,
so steigerte er sich in der zweiten Hälfte des neunzehnten Jahrhunderts in folgender Weise:

Gesamtwert Mill. Doll.	davon im Land-besitz, Verbesse-rungen u. Gebäude%		Geräte und Maschinen %		Viehstand %	
1850	3 967	82.5		3.8		13.7	
1860	7 980	83.3		3.1		13.6	
1870	11 125	83.3	im Mittel	3.0	im Mittel	13.7	im Mittel
1880	12 180	83.7	82.6	3.3	3.4	13.3	14.0
1890	16 082	82.6		3.1		14.3	
1900	20 440	81.3		3.7		15.0	

Auf Grund des durchschnittlichen Zuwachses im Jahrzehnt 1891/1900 berechnet sich der mutmaßliche Gesamtwert des Farmeigentums für 1905 zu 22 620 M. D. oder 95 Milliarden Mk., davon entfallen 78.5 auf Landbesitz, Verbesserungen und Gebäude, 3.2 auf Geräte und Maschinen und 13.3 auf den Viehstand. Seit 1850 hat sich demnach das Farmeigentum fast versechsfacht, der Umfang des landwirtschaftlichen Besitzes fast vervierfacht. Von dem Farmeigentum entfällt auf den Kopf der Bevölkerung ein Durchschnittswert von 1200 Mk., auf die Familie ein solcher von 6000 Mk., der sich auf 12 000 Mk. steigert, wenn man die landwirtschaftliche Bevölkerung zur Hälfte der Gesamteinwohnerschaft annimmt.

Verfolgen wir die Verteilung des landwirtschaftlichen Grundbesitzes in den einzelnen Staaten, so werden wir in den absoluten Zahlen sehr große Gegensätze zu erwarten haben, einmal weil der Flächeninhalt derselben ungemein verschieden ist, s. S. 88, sodann weil das Alter der Besiedelung, die Bodenverhältnisse und das Klima darauf einen hervorragenden Einfluß ausüben. Die Ausdehnung des Farmlandes und des verbesserten Landes sowie der Prozentsatz des letzteren sind in der folgenden Tabelle für 1900 in alphabetischer Reihenfolge zusammengestellt.

	Farmland qkm	verb. Land qkm	% des Farmlandes	% des Staatsareals
Alabama	82 740	34 620	42	26
Arizona	7 740	1 016	13	03
Arkansas	66 548	27 816	42	20
Californien	115 316	47 836	41	12
Colorado	37 896	8 996	24	3
Connecticut	9 248	4 246	46	32
Delaware	4 264	3 016	71	60
Florida	16 656	6 044	35	4
Georgia	105 568	42 460	40	27

	Farmland qkm	verb.Land qkm	% des Farmlandes	% des Staatsareals
Idaho	12 816	5 652	44	2
Illinois	131 180	110 796	85	69
Indiana	86 476	66 720	77	71
Ind. Terr. (Südindiana)	29 076	12 248	42	15
Jowa	138 296	119 588	87	82
Kansas	166 652	100 160	60	47
Kentucky	87 916	54 968	63	52
Louisiana	44 236	18 664	42	14
Maine	24 196	9 548	40	12
Maryland	20 680	14 064	68	44
Massachusetts	12 588	5 168	41	25
Michigan	70 248	47 196	67	31
Minnesota	104 992	73 768	70	34
Mississippi	76 960	30 376	42	25
Missouri	135 992	91 600	67	51
Montana	47 376	6 944	15	2
Nebraska	119 648	73 728	62	37
Nevada	10 260	2 292	22	1
New Hampshire	14 436	4 308	30	18
New Jersey	11 360	7 808	70	39
New Mexico	20 520	1 304	6	04
New York	90 592	62 400	69	49
Nord-Carolina	90 996	33 308	37	25
Norddacota	62 168	38 576	62	21
Ohio	98 004	76 976	78	72
Oklahoma	62 876	22 048	35	22
Oregon	40 284	13 312	33	5
Pennsylvanien	77 484	52 836	68	45
Rhode Island	1 820	748	41	28
Süd-Carolina	55 940	23 100	41	29
Süddacota	76 280	45 144	59	22
Tennessee	81 368	40 980	50	37
Texas	503 228	78 304	16	11
Utah	16 468	4 128	25	2
Vermont	18 896	8 504	45	34
Virginia	79 628	40 376	51	40
Washington	31 996	13 864	41	8
West-Virginia	42 616	21 992	52	34
Wisconsin	79 452	45 068	57	31
Wyoming	32 496	3 168	10	1

In allen durch die Tabelle dargestellten Flächen und Verhältnissen treten sehr große Gegensätze hervor. Während Rhode Island nur 1820 qkm Farmland (landwirtschaftlichen Grundbesitz) aufweist, verfügt Texas über die Riesenfläche von 503 228 qkm. In zweiter Linie nach Texas folgt Kansas mit 166 652 qkm in allerdings weiter Entfernung. Mit Zahlen über 40 000 sind zu nennen in absteigender Reihe Jowa, Missouri, Illinois, Nebraska, Georgia, Kentucky, Minnesota, Indiana, New York, Ohio, Tennessee, Pennsylvanien, Virginien, Wisconsin, Mississippi, Michigan, Süddacota, Norddacota, Südcarolina, Louisiana, Montana, Oregon und West Virginien, also Staaten der Prairien, der mittel- und südatlantischen Küste sowie des Ohiogebietes. Die geringsten Beträge — unter 10 000 qkm — finden sich in Arizona, Colorado, Connecticut, Delaware, also im Westen und in den Kleinstaaten der mittelatlantischen Küste. Was zwischen diesen Gegensätzen liegt, füllt die Zwischenräume aus.

Zu einem ähnlichen Ergebnis gelangt man, wenn man den Besitz der einzelnen Staaten an verbessertem Lande im Auge faßt. Dann steht an letzter Stelle wiederum, wegen seiner Kleinheit Rhode Island mit 748 qkm, an erster dagegen nicht Texas, sondern Jowa mit 119 588 qkm, dem Illinois 110 798 und Kansas 100 160 ziemlich nahe kommen. Außer den genannten drei Staaten sind noch 21 vorhanden, bei denen das verbesserte Land 20 000 qkm und mehr ausmacht, nämlich

Missouri	. . . 91 600	Kentucky	. . . . 54 968	Virginia	. . 40 376
Texas	. . . . . 78 304	Pennsylvanien	52 836	Norddacota	. . 38 576
Ohio	. . . . . . 76 976	Michigan	. . . . 47 196	Nordcarolina	. 33 308
Minnesota	. . 73 768	Süddacota	. . . 45 144	Mississippi	. . 30 376
Nebraska	. . 73 728	Wisconsin	. . . . 45 068	Südcarolina	. . 23 100
Indiana	. . . . 66 720	Georgia ·	. . . . . 42 460	Westvirgina	. . 21 992
New York	. . 62 400	Tennesee	. . . . 40 980	Louisiana	. . 18 664

Mit Beträgen unter 5000 qkm kommen, außer Rhode Island, Arizona, Connecticut, Delaware, Nevada, Neu Mexiko, Utah und Wyoming in Betracht, während Florida, Idaho, Massachusetts und Montana der oberen Grenze dieser Gruppe mehr oder weniger nahe liegen.

Interessant ist das Verhältnis, in dem das verbesserte Land zu dem Farmland steht. Auch hierbei sind die Gegensätze sehr weit gespannt und weichen von dem Mittel des Gesamtstaates (49.4 %) stark ab. Während nämlich in Neu Mexiko nur 6.4 % von dem Farmland als verbessert bezeichnet werden, sind es in Jowa 87 und in Illinois 85 %; also ist hier der größte

Teil des landwirtschaftlichen Grundbesitzes in irgend einer Weise benutzt. Insgesamt sind 21 Staaten mit Verhältniszahlen über 50 % versehen, nämlich:

Jowa 87	Pennsylvanien . . . 68	Kansas 60
Illinois 85	Maryland 68	Süddacota 59
Ohio 79	Michigan 67	Wisconsin 57
Indiana 77	Missouri 67	West Virginia . . . 51
Minnesota 70	Kentucky 63	Virginia 51
New Jersey 69	Nebraska 62	Tennessee 50
New York 68	Norddacota 62	

Die niedrigsten Verhältniszahlen bis herab auf 25 % entfallen außer auf Neu Mexiko auf Wyoming 10, Arizona 13, Montana 15, Texas 16, Nevada 22, Colorado 24 und Utah 25%.

Am wichtigsten ist wohl das Verhältnis des verbesserten Landes zu dem Areal der einzelnen Staaten. Hier stehen sich 0.3 in Arizona und 0.4 in Neu Mexiko dem höchsten Betrage von 82 in Jowa gegenüber. Insgesamt gestaltet sich dieses ungemein interessante Verhältnis für die 49 Staaten wie folgt:

82 Jowa	34 Vermont	15 Ind. Territorium
72 Ohio	32 Connecticut	(Süd-Indiana)
70 Indiana	31 Michigan	14 Louisiana
69 Illinois	31 Wisconsin	12 Kalifornien
60 Delaware	29 Südcarolina	12 Maine
52 Kentucky	28 Rhode Island	11 Texas
51 Missouri	27 Georgia	8 Washington
49 New York	26 Alabama	5 Oregon
47 Kansas	25 Massachusetts	4 Florida
45 Pensylvanien	25 Missouri	3 Colorado
44 Maryland	25 Norddacota	2 Utah
40 Virginia	22 Oklahoma	2 Idaho
39 New Jersey	22 Süddacota	2 Montana
37 Kansas	21 Nordcarolina	1 Nevada
37 Tennessee	20 Arkansas	1 Wyoming
34 West Virginia	18 New Hampshire	0.4 Neu-Mexiko
34 Minnesota	14 Louisiana	0.3 Arizona

Die landwirtschaftliche Hochkultur, die sich bezüglich der Benutzung des vorhandenen Areals mit entwickelteren Zuständen Mitteleuropas vergleichen läßt, liegt demnach in den nördlichen Prairiestaaten, an der Südseite der großen Seen und im Tale des

Ohio, welche Gebiete zugleich die große Zugstraße der Einwanderung bezeichnen. Der Westen nimmt die tiefste Stellung ein, der Süden bewegt sich im allgemeinen im Mittel des Gesamtstaates (23). Zum Vergleich mit europäischen Verhältnissen wolle man sich der Tabelle auf Seite 84 bedienen.

Aus den früher angeführten Zahlen über die Entwicklung des landwirtschaftlichen Besitzes und des verbesserten Landes geht hervor, daß im Gesamtstaate von Jahrzehnt zu Jahrzehnt eine Zunahme beider Landklassen stattgefunden hat. Diese hat sich auch in den Einzelstaaten vollzogen, aber keineswegs in gleichem Maßstabe, so daß auch in dieser Beziehung ansehnliche Abweichungen bestehen. Beschränken wir uns auf den Zeitraum 1880/1900, so war die Zunahme am stärksten in den am jüngsten besiedelten Staaten des Westens, außerdem in Texas, Kansas und Nebraska. Ein mäßiges Wachstum zeigte sich in Florida, Jowa, Louisiana, Michigan, Mississippi, Missouri und Wisconsin, geringfügig war es in Georgia, Illinois, Indiana, Kentucky, Maryland, Nordcarolina, Südcarolina und West Virginia. Die übrigen Staaten, also gerade diejenigen älterer Besiedelung hatten eine Abnahme ihrer landwirtschaftlich benutzten Bodenflächen aufzuweisen. Und das ist ein bemerkenswertes Symptom, denn es beweist, wie auch in der Union die ergiebigeren und leichter zu bearbeitenden Gebiete einen Druck auf die minder begünstigten ausüben, indem sie ihren Betrieb unrentabel machen und dadurch einschränken oder doch an der Weiterentfaltung hindern.

Um die wirtschaftliche Stellung der Landwirtschaft in den einzelnen Staaten noch genauer zu bestimmen, als bisher geschehen ist, muß die Bevölkerung herangezogen werden. Diese setzen wir daher im Folgenden in ein Verhältnis zu dem Werte des landwirtschaftlichen Eigentums für das J. 1900. Damals betrug er für den Gesamtstaat, s. S. 82, 20 514 Millionen Dollar oder 269 Dollar = 1130 Mk. auf den Kopf der Bevölkerung. Der absoluten Zahl nach entfiel die größte Summe mit 2004 Mill. Doll. auf Illinois, die kleinste mit 27 auf Nevada. Illinois ist demnach der reichste Staat vermöge seines landwirtschaftlichen Besitzes, denn es enthält den zehnten Teil des Gesamtvermögens der Union, ohne weder der größte dem Areal und noch der bevölkertste zu sein. Mit hohen Werten, bis 1000 Mill. Doll. herab, sind, außer Illinois, Jowa, Ohio, New York, Pennsylvanien, Missouri, Indiana und Texas zu nennen. In dritter Linie (864 bis 690 Mill. Doll.) schließen sich Kansas, Wisconsin, Kalifornien, Minnesota, Nebraska und Michigan an. Den vierten Rang (471 bis 204 Mill. Doll.) erhalten Kentucky, Tennessee, Virginien, Süddacota, Norddacota, Nordcarolina, Georgia, Maryland,

Mississippi und West Virginien. Vierzehn Staaten, deren Aufzählung wir uns ersparen wollen, liegen zwischen 198 und 108, zehn, außer dem schon genannten Nevada unter 100 Mill. Doll., nämlich Süd-Indiana, New Hampshire, Utah, Wyoming, Idaho, Florida, Neu Mexico, Delaware, Arizona und Rhode Island.

Aber noch bezeichnender als diese Angaben sind die durchschnittlichen Wertbeträge des landwirtschaftlichen Eigentums, die auf den Kopf der Bevölkerung in den einzelnen Staaten entfallen. Wir ordnen sie nach Dollars zu der folgenden Tabelle an:.

823 Jowa	333 Missouri	169 Tennessee
798 Norddacota	320 Vermont	167 Pennsylvanien
744 Süddacota	312 Texas	147 New York
739 Wyoming	300 Colorado	144 Louisiana
717 Nevada	288 Ohio	138 Arkansas
706 Nebraska	283 Neu-Mexico	132 Mississippi
575 Montana	285 Michigan	125 Connecticut
538 Kalifornien	277 Washington	124 Nordcarolina
520 Kansas	271 Utah	115 Südcarolina
463 Oklahoma	236 Süd-Indiana	105 Maryland
451 Minnesota	231 Arizona	103 Georgia
422 Oregon	226 Delaware	101 New Jersey
420 Idaho	218 Kentucky	101 Florida
416 Illinois	212 West-Virginia	98 Alabama
392 Wisconsin	209 New Hampshire	65 Massachusetts
389 Indiana	177 Maine	63 Rhode Island

Die obigen Zahlen gaben einen Maßstab an die Hand, um den Wohlstand in den rein oder vorwiegend landwirtschaftlichen Staaten beurteilen zu können. Da zeigt es sich denn, daß der Wohlstand in den nördlichen Prairienstaaten verhältnismäßig am größten ist und wie tief er in den Staaten des Südens ist, wo doch auch die Landwirtschaft im Vordergrunde steht. Während z. B. in Jowa eine Familie aus fünf Köpfen durchschnittlich über ein Vermögen von 4115 Dollars oder von reichlich 16 000 Mk. verfügt, sind es in Mississippi nur 660, in Florida blos 505 Doll. Interessant ist auch zu beobachten, welch geringe Rolle der landwirtschaftliche Besitz in den Industriestaaten wie Massachusetts und Rhode Island spielt.

Vermöge der geographischen Lage und der klimatischen Verschiedenheiten der Union ist die Zahl der angebauten und der anbaufähigen Nutzpflanzen sehr groß. Im allgemeinen kommen alle Gewächse vor, die in Europa in geringerer oder größerer Ausdehnung gezogen werden; daran schließen sich mehrere Arten, die aus Asien stammen und in der Union klimagemäß sind. Das mittlere Mississippibecken ist das Hauptgebiet für Mais, das obere für die mittel- und nordeuropäischen Getreidearten. Die Küstenebenen, die sich von der Chesapeakbai bis zur Grenze von Mexiko hinziehen, begünstigen den Anbau vieler subtropischer und einiger tropischer Gewächse, während in dem trockenen Westen mit Hilfe künstlicher Bewässerung zahlreiche Obstarten mit besonderem Erfolge in Menge und Güte gezogen werden können.

In der folgenden Tabelle stellen wir die wichtigeren Getreidearten und Mehlfrüchte nach Anbaufläche und Ertrag für die Jahre 1866, 1900 und 1904 zusammen:

	Anbauflächen in Millionen Acres (0.4 ha)				Erträge in Millionen Bushels		
	1866	1900	1904	qkm 1904	1866	1900	1904
Mais	34.30	83.30	92.23	368 920	867.94	2105.10	2467.48
Weizen	15.39	42.49	44.06	186 240	162.00	522.23	552.40
Roggen	1.55	1.59	1.79	7 160	20.85	24.00	27.23
Hafer	8.85	27.36	27.84	111 360	267.85	809.12	894.59
Gerste	0.49	2.89	5.14	20 560	11.00	58.92	139.75
Buchweizen	1.04	0.64	0.79	3 160	22.80	9.57	15.83
Kartoffeln	1.07	2.61	3.01	12 040	106.93	210.92	332.83
Zusammen	62.69	160.88	174.86	699 440	1495.59	3739.87	4430.29

Die Gesamtanbaufläche der obigen Nutzgewächse bedeckt somit jetzt einen Raum von der anderthalbfachen Größe des Deutschen Reiches. Seit 1866 sind die Anbauflächen wie auch die Erträge der drei wichtigsten Körnerfrüchte Mais, Weizen und Hafer ungefähr um das dreifache gestiegen, von den weniger wichtigen hat sich die Gerste verzehnfacht, die Kartoffel fast verdreifacht, Roggen ist sich fast gleich geblieben, Buchweizen dagegen zeigt eine deutliche, wenn auch nicht gleichmäßige Abnahme. Mit dem Wachstum der Anbauflächen und der Erträge hat sich allerdings die Wertentwicklung nicht auf gleichem Fuße gestaltet, sondern die Preise sind etwa um die Hälfte gefallen.

Gehen wir zu den einzelnen Feldfrüchten über, so steht der Mais durchaus in erster Linie. Seine Anbaufläche betrug 1905 94.01 Mill. Acres = 386 040 qkm, die Ernte war mit 2708 Mill. Bushels die größte bisher erzielte. Sein Hauptgebiet liegt im Gebiete des mittleren Mississippi und seiner entsprechenden Nebenflüsse und erstreckt sich auf die sieben Staaten Jowa (fast ein Zehntel der Gesamtproduktion), Illinois, Nebraska, Missouri, Kansas, Indiana und Ohio, welche zusammen zwei Drittel der gesamten Ernte stellen. Sehr gering ist sein Anbau in Montana, Wyoming, Nevada und in den Neu-Englandstaaten; ganz bedeutungslos in Süd Indiana, Utah, Nevada und Arizona.

Der Weizen lieferte 1905 auf einer Fläche von 47.85 Mill. Acres = 1 914 009 qkm 692.98 Mill. Bushels. Neun Staaten stehen mit einer Produktion von 57% im Vordergrunde, nämlich Kansas, Minnesota, Kalifornien, Washington, Nebraska, Texas, Jowa, Pennsylvanien und Süddacota. Neun andere Staaten: Maryland, Wisconsin, Illinois, Kentucky, Norddacota, Missouri, Tennessee, Oklahoma und Oregon bringen zusammen 26% hervor. Da in fünf Staaten: Massachusetts, Louisiana, Rhode Island, Süd-Indiana und Florida nichts oder fast nichts an Weizen gezogen wird, so verteilt sich der Rest von 17% auf 26 Staaten, die wir nicht einzeln aufzählen wollen.

Der Roggen, dessen Ertrag im Jahre 1905 nicht wesentlich höher war als 1904, wird zu zwei Dritteln der Gesamternte in neun Staaten hervorgebracht, nämlich in Pennsylvanien (ein Sechstel), New York (ein Achtel), Wisconsin (ein Achtel), Kansas, Jowa, Illinois, New Jersey, Michigan und Minnesota. Da in 13 Staaten des Westens und Südens kein Roggen gebaut wird, so verteilt sich das letzte Drittel auf 27 Staaten.

Die Gerste hatte 1905 eine Anbaufläche von 5.09 Mill. Acres = 20 360 qkm und einen Ertrag von 136.65 Mill. Bushel. Zwei Drittel davon gewinnt man in vier Staaten: Kalifornien (über ein Zehntel), Jowa (ein Zehntel), Minnesota und Wisconsin. In zweiter Linie mit einem Gesamtertrage von 18% folgen Kansas, Norddacota, Süddacota, Washington und Oregon. Der Rest von 15% verteilt sich auf 20 Staaten, denn in 19 Staaten, die sich auf die mittel- und südatlantische und Golfküste sowie auf das Felsengebirge und das Große Becken beziehen, wird keine Gerste gebaut.

Der Hafer lieferte 1905 auf einem Areale von 28.05 Mill. Acres = 112 200 qkm eine Ernte von 953 Mill. Bushels. Beteiligt sind dabei in erster Linie zwei Staaten: Illinois und Jowa, die zusammen ein Drittel liefern. In zweiter Linie, mit zusammen etwa 55%, folgen Wisconsin, Indiana, New York, Kansas, Minnesota, Ohio, Pennsylvanien, Nebraska, Michigan, Texas, Missouri und Süddacota. Da in vier Staaten: Oklahoma, Süd-Indiana, Nevada und Arizona kein Hafer gebaut wird, so verteilt sich der kleine Rest auf 31 Staaten. Der Anbau des Hafers ist also verhältnismäßig gut konzentriert.

Buchweizen gewinnt man vornehmlich in New York, Pennsylvanien und Maine (zusammen 75%), auch hier sind die Erträge gegen früher sehr zurückgegangen. Aus andern Staaten wie Michigan und Ohio, die ihn früher in ansehnlichen Mengen hervorbrachten, ist er fast verschwunden. Auf den Süden und Westen des Landes hat er sich niemals erstreckt.

Die Ernte an Kartoffeln brachte 1905 mit 250 Mill. Bushels wesentlich weniger als 1904. Hauptkartoffelstaaten, mit 58% der Gesamtproduktion sind New York (ein Achtel), Michigan, Wisconsin, Illinois, Jowa, Ohio, Pennsylvanien und Missouri (die Hauptstraße der Einwanderung!). In zweiter Linie mit 20%, sind Nebraska, Indiana, Minnesota, Kansas und Maine zu nennen. Kein Anbau findet sich in Oklahoma, Süd-Indiana und Arizona.

Die kleineren Feldfrüchte, meist Ölfrüchte, Faser- und Futterpflanzen stellen wir in der nachfolgenden Tabelle zusammen für 1900 nach Anbaufläche, Erntemenge und Wert.

	Acres	Bushels	Doll.
Flachs	3.739 700	29.284 886	30.814 661
Hanf	16 042	11.750 630 Pfd.	546 338
Erbsen	986 371	9.440 269	7.909 074
Erdnüsse	516 658	11.964 959	7.271 230
Castorbohnen	25 738	143 388	134 084
Hopfen	55 613	49.209 704 Pfd.	4.084 929
Guineakorn	178 584	90.947 370	3.588 414

Hopfen, 1904 auf 49 300 Acres gebaut, lieferte mit 234 000 Ballen etwa ein Viertel der Gesamtproduktion der Erde (1904: 907 000 Ballen). Beteiligt sind dabei die pazifische Küste, namentlich Oregon, mit 168 000 Ballen. Der Rest entfällt auf New York. Guineakorn (Sorghum, Besenstroh), woraus man das Material für Bürsten und Besen gewinnt, kultiviert man hauptsächlich in Illinois und Oklahoma; aber während der Betrieb in Illinois neuerdings zurückgegangen ist, hat er sich in Oklahoma beträchtlich gehoben.

Der Anbau von Hanf ist gegen früher sehr vernachlässigt worden und besteht nur noch in Kentucky.

Zur Gewinnung von Heu benutzte man 1866: 17.66, 1900: 39.12 Mill. Acres und erzielte 1866 einen Ertrag von 21.74, 1900: von 50.05 und 1904 von 60.69 Mill. Tonnen. Mit den stärksten Beträgen sind Jowa (ein Zehntel), Kansas, New York, Pennsylvanien, Kalifornien, Nebraska, Missouri und Illinois vertreten. In Oklahoma, Süd-Indiana und Arizona wird keins bereitet.

Von den subtropischen und tropischen Pflanzen sind die Baumwolle, der Tabak, der Reis und das Zuckerrohr hervorzuheben. Die Anbaufläche der Baumwolle stieg in dem Zeitraume 1866—1904 von 6.30 auf 31.39 Mill. Acres oder 125 560 qkm; sie ist also dem Areale nach (ohne Heu) das drittwichtigste Gewächs. Der Ertrag wechselt von Jahr zu Jahr und stieg 1904 zu dem Höchstbetrage von 13 679 954 Ballen (zu 500 Pfund), während 1903 nur 10 Mill. Ballen im Werte von 600 Mill. Doll. gebracht hatte. An dem Anbau sind die ehemaligen Sklavenstaaten beteiligt, in erster Linie Texas und die übrigen Golfstaaten. Die Ernten derselben stellten sich im Jahre 1904 wie folgt:

	Ballen		Ballen
Texas	3.214 133	Louisiana	1.113 589
Georgia	1.916 682	Arkansas	946 372
Mississippi	1.833 245	Nord Carolina ...	712 218
Alabama	1.467 469	Tennesse	338 961
Süd Carolina	1.165 839		

Der Rest entfiel auf Süd-Indiana, Oklahoma, Florida, Virginia, Missouri und Kentucky.

Die Anbaufläche für Tabak hat sich in dem Zeitraume 1866—1903 verdoppelt: von 520 000 auf 1 037 735 Acres, ist aber 1895 auf 776 112 Acres zurückgegangen. Der Ertrag war am höchsten im Jahre 1899 mit 868 Mill. Pfund. Das Jahr 1903 brachte 816 Mill. Pfund. Der Höchstwert fällt mit 80 Mill. Doll. auf 1902, 1903 ergab 55.5 Mill. Doll. Das Jahr 1905 brachte 633 Mill. Pfund im Werte von 53.5 Mill. Doll.

Die beste Sorte (Seedleaf) erzielt man in dem Tale des Connecticut und am unteren Susquehanna, die größten Mengen in den Hügelländern von Kentucky, Virginia, Nord Carolina und Tennessee. Eine leichtere Sorte gewinnt man in Wisconsin. Nach Staaten sowie nach Arealmenge und Wert gestaltete sich der Betrieb im Jahre 1903 wie folgt:

	000 Acres	000 Pfd.	000 Doll.
Kentucky ..	338	267.260	16.570
Nord Carolina	215	137.728	8.487
Virginia	162	120.913	7.375
Wisconsin ..	52	69.946	4.756
Tennessee	71	49.838	3.737
Ohio.........	60	51.064	3.676

	000 Acres	000 Pfd.	000 Doll.
Connecticut...............	13	21.174	3.282
Pennsylvanien.............	16	22.495	1.642
Maryland	33	21.488	1.181
Massachusetts............	5	6.990	838
New York	8	8.955	716
Indiana	7	5.556	344
West Virginia.............	4	2.812	174
Missouri	2	1.404	126
Arkansas	1	789	95
Illinois	1	850	52
Alle anderen Staaten.......	47	29.704	2.456

Der amerikanische (Carolina-) Reis genoß früher eine großeBeliebtheit, trat aber seit dem Bürgerkriege infolge Vernachlässigung des Betriebs sehr zurück und kommt seit längerer Zeit im Außenhandel überhaupt nicht mehr vor. Neuerdings schenkt man dem Anbau wieder etwas mehr Aufmerksamkeit. 1899 betrug die Anbaufläche 332 240, 1904 aber 652 006 Acres mit einem Ertrage von 21 Mill. Bushels. Bemerkenswert sind die Verschiebungen, welche sich neuerdings in den beteiligten Staaten vollziehen. Die Anbaufläche betrug

	1899	1904
	Acres	Acres
in Louisiana	201 685	376 500
„ Texas	8 711	234 200
„ Georgia	21 998	9 000
„ Süd Carolina...........	77 657	33 300
„ Nord Carolina..........	22 279	1 860
„ Florida und Alabama	—	3 500

Demnach fand Zunahme statt in Louisiana und namentlich in Texas, Abnahme in Georgia und den beiden Carolina, Neupflanzung in Florida und Alabama. Infolge der wachsenden Produktion an Reis sinkt die Einfuhr von Reis und Reismehl sichtlich. 1902 betrug sie 165.40, 1904 aber 136.58 Mill. Pfd.

In der Gewinnung von Rohzucker spiegelt sich die Wirtschaftsgeschichte des Südens auf das getreueste wieder. Vor dem Bürgerkriege beliefen sich die Jahresernte über 200 000 Tonnen, dann sanken sie fast bis auf Null, um sich allmählich wieder zu heben. Den bislang größten Ertrag brachte das Jahr 1899 mit

325 621 Tonnen, 1903 dagegen nur 293 397. Der Hauptzuckerstaat ist von jeher Louisiana (1900: 97%).

Da der Rohrzucker den sehr hohen Bedarf der Union (pro Jahr und Kopf 71 Pfund) an Zucker weitaus nicht zu decken vermag, hat man sich viel Mühe mit dem Anbau der Zuckerrübe gegeben und im Jahre 1903 daraus 247 563 Tonnen gewonnen, hauptsächlich in Kalifornien, Michigan, Colorado und Utah. Gegenüber der Eigenproduktion an Rohr- und Rübenzucker im Betrage von 567 038 Tonnen bedurfte es 1903 einer Einfuhr von 1 982 605 Tonnen; davon kamen 357 850 von Hawaii, 85 989 von Portorico, 29 947 von den Philippinen.

Viel Wert wird neuerdings in der Union auf die Gemüsezucht gelegt. In dem Zeitraume 1890—1902 stieg die Anbaufläche dafür von 214 000 auf 1 125 655 ha, also Verfünffachung, der Wert des Jahresertrages von 76 auf 144 Mill. Doll. Der Gemüsebau ist nicht nur sehr vielseitig, sondern auch bis ins kleinste spezialisiert. Es bestehen besondere Farmen, die sich ausschließlich mit einer einzigen oder mit ein paar Gemüsearten befassen (truck farming). Die einzelnen Gebiete und Staaten haben ihre Sonderkulturen. Florida z. B. liefert hauptsächlich Schnittbohnen und die viel begehrten Tomaten, das Küstenland von Georgia und Carolina vorzugsweise Kraut, Blumenkohl und grüne Erbsen, das Binnenland dieser Staaten sowie New Jerseys Gurken, Melonen (Cantaloupes) und Wassermelonen, Virginia Spinat, Maryland und Delaware Tomaten, Michigan Sellerie und Erbsen, Long Island Spargel. Für die Ausfuhr werden gewisse Gemüsearten getrocknet oder konserviert (Canning), namentlich Erbsen, Bohnen, Kartoffeln, Zwiebeln, Katbohnen, Tomaten, Zuckermais usw. Sehr beliebt sind auch die japanische Eierfrucht und die süße Kartoffel oder Batate. Die Anbaufläche für letztere betrug 1900 213 000 ha, hauptsächlich an der atlantischen und an der Golfküste. Die besten Bataten baut man am unteren Delaware.

Wie die Gemüsezucht hat auch der Obstbau einen hervorragenden Aufschwung genommen. Im Jahre 1902 bedeckten die Fruchtbäume ein Areal von 2 492 298 ha, die kleinen (Beeren) Früchte ein solches von 121 610 ha. Es ergab sich ein Gesamtertrag von 131 Mill. Doll.; davon entfallen 84 auf Obstbäume (orchard fruit), 25 auf kleine Früchte, 14 auf Trauben, 8.5 auf verschiedene Citrusarten wie Orangen, Citronen usw. Die Gesamtzahl der Obstbäume verschiedener Art belief sich im Jahre 1900 auf 375 Millionen (gegen 195 im Jahre 1890), davon waren in runden Zahlen 202 Apfelbäume, 100 Pfirsichbäume, 31 Pflaumenbäume, 18 Birnbäume, 12 Kirschbäume, 8.4 Orangebäume, 5 Aprikosenbäume, 1.6 Nußbäume und 1.5 Ölbäume. Ungezählt sind die vielen Millionen der Pflänzchen von Erd-, Him-, Johannis-, Brombeeren usw. Äpfel (Gesamtertrag 1900: 175.4 Mill. Bushels) baut man hauptsächlich am Ontario, im Ohio- und Mississippitale, neuerdings auch in Jowa, Nebraska, Kansas und Arkansas. Die Pfirsichkultur (Jahresertrag 1900: 15.4 Mill. Bushels) blüht auf der Chesapeakhalbinsel, ringsum die Alleghanies, in Michigan sowie in manchen Teilen des Westens. Pflaumen, Kirschen und Birnen gewinnt man vornehmlich in Kalifornien, im Hudsontale und an den benachbarten Großen Seen, Aprikosen nur in Kalifornien. Die Kultur von Südfrüchten, insbesondere von Orangen und Citronen beschränkt sich im Wesentlichen auf Kalifornien und Florida, doch geht sie auf letzterer Halbinsel neuerdings zurück, weil gelegentlich starke Schädigungen durch Fröste eintreten. Der Weinbau, den man namentlich in Kalifornien, New York (an den Fingerseen und am Ontariosee), in Ohio (am Erie-See), in Missouri und Virginia betreibt, lieferte im Jahre 1901 einen Ertrag von 39.6 Mill. Gallonen = 1.4 Mill. hl, außerdem bedeutende Mengen von Tafeltrauben und Rosinen. Mit der Bereitung der letzten gibt man sich neuerdings in Kalifornien viel Mühe.

Auf den vorigen Seiten haben wir in großen Zügen ein Bild von dem Pflanzenbau der Union nach Umfang und Leistung entworfen. Dabei wurde auch darauf hingewiesen, daß noch nicht der vierte Teil des Hauptstaatskörpers (ohne Alaska) für landwirtschaftliche Zwecke in Anspruch genommen und kaum die Hälfte davon in Privatbesitz übergegangen ist. Der große Rest ist also noch unbenutzt oder unverkauft und, soweit das letztere der Fall ist, befindet er sich entweder in den Händen der Regierungen oder steht zur Verfügung der Eisenbahnen, milden Stiftungen, Schulen usw.

Das Regierungsland wird auf Grund des Heimstättegesetzes verkauft, das seine endgiltige Ausprägung am 21. Juni 1866 erhalten hat. Danach ist der Preis ein für allemal festgesetzt. Er beträgt für den Acre (40 47 qm) 1.25 Doll. für Minimumland, das von geringerer Güte ist oder in größerer Entfernung von Städten, Eisenbahnen usw. liegt, 2.50 Doll. für Doppelminimumland, das den Städten, Eisenbahnen, Straßen usw. näher liegt, dicht an der Eisenbahn 3 Doll. Der Erwerber bezahlt zunächst nur eine Eintragungsgebühr (entry fee), den eigentlichen Preis später. Die Höhe der Eintragungsgebühr richtet sich nach der Größe des zu erwerbenden Areals — man verkauft rechtwinklige Stücke von 160, 120, 80, 60 und 40 Acres

— und schwankt bei Doppelminimumland zwischen 22 und 9, bei Minimumland zwischen 18 und 7 Doll. Der Preis selbst wird ohne Zinsen auf 5 oder 7 Jahre gestundet. Im Jahre 1900 waren noch 559.18 Mill. Acres oder 2 236 720 qkm (viermal so groß wie das Deutsche Reich) vorhanden, die sich auf 27 Staaten, namentlich der Prairien und des Westens verteilten. Im Osten und im Südosten gibt es kein Regierungsland mehr. Die größten Beträge entfielen auf die Staaten des Westen, so z. B. auf Montana 274 480, auf Nevada 245 160, auf New - Mexiko 226 800, auf Arizona 201 120qkm usw. Von den Prairiestaaten hatte Norddacota am meisten: 77 920; dann folgen Minnesota mit 51 680, Süddacota mit 48 400, Nebraska mit 39 320, Arkansas mit 24 200 usw.

Seit dem Jahre 1900 hat sich der Umfang des Regierungslandes entsprechend den seit dem stattgefundenen Verkäufen verringert. Diese betrugen 1901 37 988, 1902: 52 132, 1903: 44 772, 1904: 42 684 und 1905: 51 580 qkm.

Die Verkäufe von Regierungsland umfassen aber nur einen Teil der Bodenfläche, die in Privatbesitz übergeht. Der jährliche Gesamtbetrag derselben, einschließlich des verkauften Regierungslandes, belief sich:

1894	auf 41 520 qkm	1898	auf 31 680 qkm	1902	auf 77 480qkm
1895	31 440	1899	36 360	1903	„ 90 600
1896	52 680	1900	53 560	1904	„ 65 035 „
1897	31 000	1901	„ 61 800	1905	„ 67 916 „

Ob sich die Landverkäufe, die im Jahrzehnt 1894—1903 nach dem Jahresdurchschnitt 50 812 qkm ausmachten, zukünftig in gleichem Maßstabe steigern werden, dürfte zu bezweifeln sein, denn die große Masse des noch freien Regierungslandes liegt in dem trockenen Westen, der bis auf einige begünstigtere Strecken dem Bodenanbau unnahbar ist. Die Hauptfrage dreht sich darum, inwieweit es möglich sein wird, die Trockenländereien, deren Oberfläche vielfach von alkalischen Salzen durchsetzt ist, mehr und mehr auszusüßen und künstlich zu bewässern.

Nachdem schon von Privaten und von Korporationen manche Unternehmungen dieser Art ins Werk gesetzt worden sind, unter denen die berühmte Mormonenhauptstadt die größte und blühendste ist, hat sich auch die Zentralregierung neuerdings mit der äußerst wichtigen Angelegenheit befaßt und im Jahre 1902 den Reclamation-Act beschlossen. Danach sind jetzt 24 Unternehmungen in Arbeit, von denen die Hälfte schon ziemlich weit fortgeschritten ist. Dadurch sollen 5 214 qkm Boden mit einem

Kostenaufwande von 37 Mill. Doll. in fruchtbares Land verwandelt werden. Seit Beginn der Arbeit bis 1905 sind 123 km Hauptkanäle, 96 km Verteilungskanäle, 292 km Gräben und 147 Brücken angelegt worden. Die größte Schwierigkeit besteht darin, die nötigen Arbeitskräfte zu gewinnen und festzuhalten, denn trotz günstiger Bedingungen halten es die meisten nicht lange aus.

Wir kommen somit zum Schlusse auf die staatliche Fürsorge zu sprechen, welche der Landwirtschaft seitens der Regierungen in so hervorragendem Maße zuteil wird. In der Zentralregierung zu Washington besteht ein Ackerbauministerium (department of agriculture), das, mit reichen Mitteln und mit vorzüglichen Beamten ausgestattet, die gesamte Landwirtschaft im Sinne von Bodenanbau und Viehzucht umfaßt. Es besitzt u. a. eine umfangreiche Spezialbibliothek von etwa 300 000 Bänden, die jedem Interessenten unentgeltlich zur Verfügung steht, und veröffentlicht jährlich zahlreiche kleinere und größere Schriften, die kostenlos an alle Interessenten des In- und Auslandes auf Wunsch überlassen werden, vor allem das sehr inhaltreiche Jahrbuch. Das Departement zerfällt in sechs Bureaus, vier Abteilungen (divisions) und zwei Ämter. Die Bureaus beziehen sich auf Wetterkunde, Viehwesen (animal industry), Pflanzenbau (plant industry), Forstwesen, Bodenkunde und Chemie. Die Abteilungen betreffen die Insektenkunde, die biologische Untersuchung, die Statistik und das Studium der fremden Märkte. Die Ämter haben die landwirtschaftlichen Versuchsstationen nebst Spezialunterricht und Genossenschaftswesen sowie das Studium der öffentlichen Wege unter sich. Der Wetterdienst ist bekanntlich in vorbildlicher Weise ausgebildet nach dem sogenannten Circuitsystem und lieferte im Jahre 1903 an 1 500 000 Farmen tägliche Vorhersagungen. Das Bureau für Pflanzenbau umfaßt alle in Betracht kommenden Zweige. Besonders wichtig sind die landwirtschaftlichen Versuchsstationen (Experiment stations), von denen in jedem Staate mindestens eine besteht und sich den jeweiligen Aufgaben widmet. Sie sind mit wissenschaftlichen und praktischen Beamten besetzt und stehen zuweilen mit den Landesuniversitäten in Verbindung. Die Kosten für die Experiment stations, welche ihren Sprengeln durch Lehre, Rat und Beispiel förderlich zu werden bemüht sind, werden teils von der Zentralregierung, teils von den Einzelregierungen aufgebracht.

Zu den neuesten und wichtigeren Teilen des Ackerbauministeriums gehört das Bodenbureau (Bureau of soils), das erst seit sieben Jahren besteht, aber schon mehr als 150 Beamte beschäftigt, darunter zahlreiche Gelehrte und Spezialisten. Ihre Aufgabe besteht darin, aus den verschiedensten Teilen der Union

7*

Bodenproben zu entnehmen, sie zu untersuchen, auf ihre Brauchbarkeit für Pflanzenbau zu prüfen, die Ergebnisse zu veröffentlichen
und kartographisch festzulegen. Zum Zusammenholen der Bodenproben, deren seit Bestehen des Bureaus über 12 000 gesammelt
worden sind, reisen in der günstigen Zeit einige dreißig bis vierzig
Beamte durch alle Teile der Union. Das auf diese Weise zu-
sammengebrachte Bodenmaterial wird in dem Institute selbst einer
dreifachen Untersuchung, einer mechanischen, einer chemischen
und einer physiologischen unterworfen und auf seine landwirtschaftliche Brauchbarkeit untersucht. Aus diesen Bemühungen
hat sich bisher ergeben, daß in den Vereinigten Staaten etwa
300 typische Bodenarten vorhanden sind, deren jede einzelne
ihre besondere Höchstverwertung in Verbindung mit dem Klima
findet. Hinsichtlich der Trockenländer des Westens hat man fest-
gestellt, daß, wenn der Boden mehr als 15% an alkalischen Bei-
mengungen enthält, er als dauernd unfruchtbar zu gelten hat.
Verbesserung durch Bewässerung würde zwar erreichbar sein,
aber die Kosten würden sich zu hoch stellen.

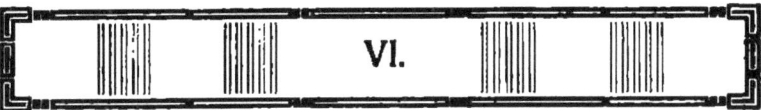

Die Rohproduktion des Tierreichs.

Die Rohproduktion des Tierreichs setzt sich aus den Erträgen der Jagd, der Fischerei und der Viehhaltung (Tierzucht) zusammen. Die Jagd, welche in den kolonialen Zeiten zu den vornehmlichsten Erwerbsarten der Bevölkerung gehörte, ist infolge des raschen Fortschritts der Besiedelung und der rücksichtslosen Verfolgung der Wildtiere, an der auch die bestehenden Schutzgesetze wenig ändern können, für die Gesamtwirtschaft bedeutungslos geworden. Jedenfalls ist das Land nicht mehr imstande, seinen Eigenbedarf an Wildfellen und Pelzwerk zu decken und bedarf einer beträchtlichen Einfuhr, wenn es auch noch gewisse Sorten auf den Weltmarkt liefert.

Im Gegensatz zur Jagd hat sich die Fischerei als eine ansehnliche Erwerbstätigkeit behauptet. Im Jahre 1903 ergab der Gesamtfang 1733 Mill. Pfund Fische im Werte von 45.5 Mill. Doll., während das Jahr 1901 2133 Mill. Pfund im Werte von 55.5 Mill. Doll. gebracht hatte. In der Fischerei waren 1903 214 056 Personen beschäftigt und 72.21 Mill. Doll. als Kapitalanlagen festgesetzt. Mit diesen Summen stellt sich die Fischerei der Union als die zweitwichtigste neben diejenige Großbritanniens; in dritter Linie folgen Kanada und Norwegen.

Nach einer neuerdings bekannt gewordenen Statistik hatten die einzelnen Hauptgebiete der Union die folgenden Ergebnisse nach Menge und Wert erzielt:

	Mill. Pfd.	Mill. Doll.
Die Neu-England Staaten 1902 ...	534.07	12.40
die Mittelatlantischen Staaten 1901	819.04	17.48
die Südatlantischen Staaten 1902 ..	106.45	2.84
die Golfstaaten 1902	113.69	3.94
die Pazifischen Staaten 1899	217.96	6.28
das Mississippigebiet 1903	93.37	1.84
die Großen Seen 1903	86.19	2.74
kleinere Gewässer 1902	5.62	0.42
Alaska 1904	141.05	8,21
	2117.44	56.15

Mit Jahreswerten über 200 000 Doll. sind die · folgenden Wassertiere vertreten, wobei der Betrag auf Tausende von Dollars abgekürzt in Klammern gesetzt sind: Austern (15 320), Lachs (11 230), Dorsch (2410), Shads (1930), große Muscheln oder Clams (1840), Makrele (1140), Hummer (1370), Umberfisch Squeteaque (1100), Menhaden (1080), Schellfisch (964), Meerhering (934), Heilbut (855), Blaufisch (851), Süßwasserseehering (815), Forelle (732), Seebarbe (711), Krabben (645), Catfisch (536), Walfisch (526), Alse (469), Hechtbarsch (455), Karpfen (428), Red Snappers (barschartige Fische 420), Garneelen (Shrimp and prawn 393), gestreifter Barsch (367), Flundern und Flachfisch (365), Weißfisch (350), Hechtdorsch (343), Buffalofisch (313), Aale (248), Kammuscheln (244), Meerbraßen (233), Weißbarsch (222) und Seebarsch (219).

Unter den vorgenannten Fangtieren sind nur wenige wie Austern und Catfisch von allgemeiner Verbreitung (ohne Alaska), keines von diesen hat gleichmäßige Fanggebiete, sondern jeder überwiegt in einem oder in mehreren. Ausschließlich oder vorzugsweise den Neu-England Staaten gehören der Dorsch, die Makrele, der Hummer, der Schellfisch, der Hering und der Hechtdorsch an. Die Mittelatlantische Küste hat als Besonderheiten die Auster, den Menhaden, den Aal, den Weißbarsch, die Alse, die Flundern, den Blaufisch und den Meerbarsch. Die Neu-England- und Mittelatlantischen Staaten teilen sich in die Kammuschel und die Scup. An der ganzen atlantischen Küste einschließlich des Golfs kommen der Squeteaque und die große Muschel (Clam), an der Mittel- und Südatlantischen Küste der Maifisch (Shad), an der Südatlantischen und der Golfküste die Seebarbe vor. Im Mississippigebiet fängt man vorzugsweise den Catfisch und den Büffelfisch, in den Golfstaaten die Red Snappers, in den Großen Seen den Süßwasserhering, die Forelle, den Hechtbarsch und den Weißfisch, hier wie im Mississippigebiet den Karpfen (German carp). Die Hauptfangplätze für den Lachs finden sich in Alaska und an der pazifischen Küste; hier auch, wie in Neu - England fängt man den Heilbut und den gestreiften Barsch, letzteren auch an der mittelatlantischen Küste. Walfische erlegt man nur in Alaska.

Bei dem Betrieb benutzt man die neuesten und wirksamsten Geräte, darunter auch manche eigenartige. So wird z. B. die Lachsfischerei im Columbiaflusse maschinenmäßig ausgeführt. Man verwendet eine Art Wasserrad, an dem mehrere Rahmennetze befestigt sind, statt Schaufeln. Dieses Rad befindet sich an einem Kahn und wird durch die Strömung getrieben. In den Netzen fangen sich die Fische und durch die Drehung des Rades werden sie selbsttätig aus den Netzen in den Kahn herausgeschüttet.

Mitunter liefert ein einziges solcher „wheels of fortune", deren im Columbia mehrere Hunderte tätig sind, 50 Tonnen Lachs im Werte von 1000 Doll. in 24 Stunden.

Bei der großen Bedeutung der Fischerei ist es zu verstehen, daß sich der Kongreß wie die beteiligten Einzelregierungen ihrer nach Kräften annehmen und sie auf jede Weise zu fördern suchen, indem sie für die Bestockung der Gewässer mit Fischbrut sorgen und der Raubfischereí durch Gesetze entgegentreten. Letztere Maßregel ist freilich weit weniger wirksam als erstere. Es besteht eine staatliche Fischkommission, und man hat zahlreiche Fischbrutanstalten (hatcheries) angelegt, in denen einheimische wie fremde Fische künstlich gezüchtet werden. Der Versand des Lachses wie der jungen Fische aus den Brutanstalten geschieht in besonderen Eisenbahnwagen, in deren Inneren sich niedrige Behälter mit dem Bestockungsmaterial befinden. Die Wagen sind mit allem ausgerüstet, dessen man bedarf, um die Fische am Leben und die Temperatur des Wassers auf geeigneter Höhe zu erhalten. Jeder Wagen enthält ein kleines Laboratorium sowie einen Raum für den Aufenthalt für die Begleiter der Sendung. Millionen von Fischen und Milliarden von Eiern werden auf diese Weise alljährlich versendet und in die Gewässer ausgesetzt.

Die Viehhaltung der Union ist eine sehr bedeutende, wenn es auch dabei mehr auf die Masse als auf die Güte ankommt und Edelzucht nur gelegentlich ausgeübt wird. In dem Zeitraume 1866—1900 hat sich der Gesamtviehstand der Farmen der Zahl nach von 90.4 auf 215.7 Millionen Stück gehoben, der Wert derselben von 1352 auf 2228 Mill. Doll. gesteigert. Für 1906 wird dieser Betrag zu 3675 Mill. Doll. angegeben, wenn auch die Zahlen nach den verschiedenen Quellen mancherlei beträchtliche Abweichungen aufweisen. In der folgenden Tabelle geben wir eine Zusammenstellung der einzelnen Tiere nach Menge und Wert für die Jahre 1866, 1900 und 1906.

	1866		1900	
	Zahl	Wert Mill. Doll.	Zahl	Wert Mill. Doll.
Pferde	5.402 143	429.27	13.537 524	603.97
Maulesel	822 386	74.01	2.086 969	111.72
Milchkühe	8.348 773	332.94	16.292 360	514.81
Andere Rinder	11.738 250	249.35	27.610 054	689.48
Schafe	39.385 386	132.77	41.883 065	122.65
Schweine	24.684 504	134.12	37.079 365	185.47

	1906 Zahl	Wert Mill. Doll.
Pferde	18.718 578	1510.89
Maulesel	3.404 061	334.68
Milchkühe	19.793 866	582.79
Andere Rinder	47.067 656	746.17
Schafe	50.631 619	179.05
Schweine	52.102 84?	321.80

Demnach hat sich die Zahl der Pferde, der Maulesel und der Schweine in dem Zeitraume 1866/1906 mehr als verdreifacht, die der Milchkühe mehr als verdoppelt, die der anderen Rinder vervierfacht, während sich die Schafe nur um ein Drittel vermehrt haben, also verhältnismäßig in geringem Grade. Aber nur bei den Pferden, Mauseln und Milchkühen und sonstigen Rindern bietet das Jahr 1906 die jeweilig erreichte Höchstzahl, bei den andern Tierarten liegt diese in früheren Jahren. So verzeichnet man bei den Schafen im Jahre 1903 fast 64 Mill. Stück und bei den Schweinen 1901 fast 57 Millionen.

Die Verteilung der einzelnen Tierarten über die einzelnen Staaten gestaltet sich nicht gleichmäßig, sondern zeigt in jedem Falle ihre Besonderheiten. Im Jahre 1900 gab es dreizehn Staaten mit mehr als 500 000 Pferden oder 64% des Gesamtbestandes und 24 Staaten zwischen 2—300 000 Pferden oder 25% des Gesamtbestandes. Die größten Zahlen fallen auf Illinois und Texas mit je etwa einem Zehntel des Gesamtbestandes; weiterhin folgen Missouri, Kansas, Ohio, Indiana, Minnesota, Michigan, Wisconsin, New York und Pennsylvanien; außer den beiden letzteren sämtlich Flachlandstaaten. Kentucky, der einzige Staat mit namhafter Edelzucht, besaß 1900 450 000 Pferde.

Die Maulesel haben eine wesentlich beschränktere Verbreitung als die Pferde. Abgesehen von Kalifornien fehlen sie im ganzen Westen sowie im äußersten Norden und Nordosten. Im Jahre 1900 hatten 13 Staaten mit je über 100 000 Stück 83% des Gesamtbestandes, sechs mit über 50 000 Stück 12% davon. In der ersten Gruppe steht Texas mit einem Sechstel des Gesamtbestandes obenan. Ansehnlichere Zahlen finden sich noch für Missouri, Tennessee, Mississippi, Georgia, Kentucky, Arkansas usw., alles Staaten, die zum Baumwollgürtel und meist auch zum Wohngebiete der Neger gehören.

Bezüglich der Milchkühe zerfallen die Staaten in drei Gruppen: solche, die nach der Aufnahme von 1900 über 1 Mill. haben, zusammen 48% des Gesamtbestandes, acht an Zahl; solche, die zwischen 100 000 und 1 Mill. haben, zusammen 32 oder 43%, und solche, die weniger als 100 000 haben, 9 an Zahl. In der ersten Gruppe hat Texas weitaus den Vorrang; außerdem gehören noch New York, Wisconsin, Illinois, Nebraska, Kansas, Jowa und Missouri in diese Kategorie. Pennsylvanien und Ohio kommen ihr nahe. Auch bei den andern Rindern lassen sich drei Gruppen der Staaten unterscheiden, nämlich solche (13) mit mehr als 1 000 000, zusammen 67%, solche (11) zwischen 1 000 000 und 500 000, zusammen 20% und solche (25) unter 500 000. Auch diesmal hat Texas in der ersten Gruppe den Vorrang; Jowa und Kansas schließen sich an, weiterhin folgen Nebraska, Missouri, Illinois, Wisconsin, Indiana, Minnesota, Süddacota, Oklahoma und Südindiana, also lauter Prairiestaaten. In der zweiten Gruppe sind New York, Pennsylvanien, Colorado und Kalifornien hervorzuheben.

Bei den Schafen haben 7 Staaten zusammen 49%, jeder über 3 Millionen, 16 zusammen 40%, jeder mindestens 800 000; der Rest verteilt sich auf 26 Staaten. An der Spitze der ersten Kategorie stehen Montana, Wyoming und Neu Mexico, denen sich Ohio, Utah, Idaho und Oregon anschließen (Ohio hier Saul unter den Propheten!). In der zweiten Gruppe sind Michigan, Kalifornien, Colorado, Texas, New York und Indiana mit ansehnlichen Beträgen zu nennen.

Bei den Schweinen steht Jowa an der Spitze (ein Sechstel), daran schließen sich mit Beträgen über 2 1/2 Mill. Illinois, Indiana, Nebraska, Missouri, Kansas und Ohio; alle diese machen 60 % des gesamten Bestandes aus. Der unteren Grenze dieser Gruppe nähern sich Wisconsin, Kentucky und Texas.

Esel zählte man 1900 94 165 Stück, Ziegen 1 870 599 Stück, davon ein Drittel in Texas; nennenswerte Beträge finden sich außerdem in Neu Mexico, Alabama, Oregon, Kalifornien und Arizona.

Für die Großschlächterei, welche ja nicht nur das Inland, sondern auch manche Staaten Europas mit ihren Erzeugnissen versorgt und daher einen ansehnlichen Teil des heimischen Viehstandes verarbeitet, kommen die Rinder, Schweine und Schafe in Betracht, insofern diese vor dem Abschlachten bis zu einem gewissen Grade gemästet werden müssen. Die Rinder dienen außerdem zur Gewinnung von Milch, Butter und Käse. Dafür gibt es drei Hauptbetriebsgebiete, nämlich die Steppen westlich des 100. Meridians, die mittlere Maisregion und die reine Städteregion des Nordostens.

In den Steppen westlich des 100. Meridians betreibt man die Zucht von Rindern und Schafen in extensiver Weise; die Rinder werden so lange auf den Weiden gehalten, bis sie gemästet oder zur Milchgebung benutzt werden. Die westlichen Steppen sind das Gebiet der Ranches und der vielberufenen Cowboys. Zum großen Teile auf noch unvergebenen Staatsländereien, s. S. 98, suchen die Herden der großen Viehzuchtgesellschaften ihre Nahrung, ohne Schutz gegen das rauhe Klima und die entsetzlichen Schneestürme. Man baut nur flüchtige Hütten für die geringe Zahl der Hirten, einfache Ställe für deren zähe Pferde und kleine Einzäumungen für kalbende Kühe. Keinerlei Wartung der Tiere findet statt. Die Hirten treiben sie von Ort zu Ort, suchen von Zeit zu Zeit die Stücke für den Verkauf aus, mustern sie nach den Besitzern und versehen die Neugeborenen mit Brandmarken. Dies geschieht durch die sog. Roundups, die mindestens einmal im Jahre und dann im Frühling abgehalten werden. Zu den Hauptmängeln dieser Betriebsweise (Ranching) gehört die Unmöglichkeit des Seuchenschutzes; daher stirbt das gefährliche Texasfieber, das durch eine gewisse Fliege übertragen wird, nicht aus. Quarantäne und Absperrung sind in den einzelnen Staaten zwar gesetzlich normiert, aber praktisch nicht durchführbar. Das Ranching hat seinen Ursprung in Texas genommen und sich von da aus mit den Eisenbahnen nach Norden und Westen ausgebreitet; in ersterer Richtung auch nach den entsprechenden Teilen des kanadischen Bundes, namentlich nach Alberta. Im Jahre 1900 zählte man im Westen 30 % des gesamten Rinderbestandes und 60 % der Schafe, aber nur 8 % der Schweine des Staates.

In der mittleren Maisregion, s. S. 91, wird das im Westen oder im Osten aufgezogene Magervieh gemästet, außerdem werden Schweine aufgezogen und fett gemacht. Man benutzt den Mais, der hier in ungeheuren Mengen gewonnen und fast ausschließlich entweder an eigene oder an fremde (in Pension genommene) Tiere verfüttert wird. Der Betrieb ist nicht viel besser als in der Steppenregion. Auch hier gibt es keine festen Stallungen, sondern nur leichte Schuppen. Man schüttet rohe Maiskolben auf die Futterplätze oder läßt das Vieh nach der Ernte frei auf den Maisstoppeln herumlaufen; nur kurz vor der Ablieferung der Tiere werden die Maiskörner gequetscht. Das Rindvieh gibt die Maiskörner vielfach unverdaut wieder heraus; davon nähren sich dann die Schweine. Die wichtigsten Staaten der mittleren Maisregionen, in der sich etwa die Hälfte der Rinder und zwei Drittel der Schweine befinden, aber nur ein Viertel der Schafe, sind die folgenden mit Zahlen für 1900:

	Millionen			Millionen	
	Rinder	Schweine		Rinder	Schweine
Jowa	5.4	9.7	Missouri	2.9	4 5
Kansas	4.5	3.6	Wisconsin	2.3	2.0
Nebraska . .	3.2	4.1	Ohio	2.1	3.2
Illinois	3.1	5.9	Indiana	1.7	3.8

In der mittleren Maisregion liegen auch die Hauptmittelpunkte der Großschlächterei, wie Chicago, Kansas City, Omaha, St. Louis, St. Joseph, Fort Worth, Sioux City und St. Paul. Der Bedarf an Schlachttieren ist in diesen Städten ein sehr bedeutender. So wurden z. B. im Jahre 1903 von den sechs Hauptfirmen Swift & Co., Armour & Co., National Packing Co., Morris & Co., Schwarzschild, Sulzberger und Cudahy Packing, den sog. „big six" 5,47 Mill. Rinder, 13,85 Mill. Schweine und 6.16 Mill, Schafe geschlachtet oder bei 300 Arbeitstagen täglich rund 16 300 Rinder, ·46 200 Schweine und 20 500 Schafe. Dementsprechend gestaltet sich auch der Zutrieb von lebenden Tieren; in Chicago allein jährlich gegen 16 Mill. Stück; 1904, wo der Betrieb durch den Streik etwas gelitten hatte, waren es u. a. 7.2 Mill. Schweine, 4.5 Mill. Schafe und 3.52 Mill. Rinder und Kälber.

Die dritte Region für die Viehhaltung ist die Städteregion des Nordostens. Da hier die Milchgewinnung im Vordergrunde steht, so werden alle Tiere, die dazu nicht taugen, nach der Mitte zum Mästen abgeschoben.

Trotz der großen Viehmassen, welche die Union besitzt, ist die Dichte wesentlich geringer als in den meisten größeren Ländern Europas. Es kamen z. B. auf ein Quadratkilometer im Jahre 1900

	Rinder	Schweine	Schafe	Pferde
in der Union	7	7	7	2
in Deutschland	35	31	18	8
in Großbritannien . .	36	11	98	6

Die Ausfuhr von Erzeugnissen der Viehzucht ist neuerdings sehr angeschwollen, obwohl sie in den dafür wichtigsten europäischen Ländern mit Schwierigkeiten zu kämpfen hat. In England z. B. muß jedes lebend eingeführte Tier sofort nach der Landung geschlachtet werden; in Deutschland bestehen Einfuhrverbote für Büchsenfleisch, Wurstwaren u. dgl. Von 1870 bis 1903 hob sich trotzdem die Ausfuhr von 32 auf 311 Mill. Doll., also um das Zehnfache und stellt jetzt 15% der Gesamtausfuhr oder 25% der landwirtschaftlichen Ausfuhr dar. Die Hauptposten der Ausfuhr sind lebende Tiere, meist Rinder (31 Mill. Doll.), Schlächtereierzeugnisse (180, davon 116 von der Schweineschlachtung, 48 für Speck und Schinken, 55 für Schmalz). Der größte Abnehmer ist Großbritannien; es empfängt fast alle lebenden Tiere und über die Hälfte der toten Ware. Deutschland kauft hauptsächlich Schmalz. Von fremden tierischen Erzeugnissen bezieht die Union vorzugsweise Wolle (22 Mill. Doll.) und Leder (5 Mill. Doll.).

Die Erzeugung von Wolle hat sich in den letzten vierzig Jahren sehr stark gesteigert, aber man sieht dabei mehr auf Menge als auf Güte und Feinheit der Ware. Während die Schur im Jahre 1860 60 Mill. Pfund ergeben hatte, waren es 1902 316, 1903 nur 287 Mill. Pfund im Werte von fast 59 Mill. Doll., 1904 dagegen 422 (davon 295 ungewaschen) Mill. Pfund im Werte von 80 Mill. Doll. Es bleibt vom Ausland ein Betrag von 174 Mill. Pfund oder 38% des Bedarfs zu decken. In der Union liefert der Westen die größten Mengen an Wolle entsprechend der Zahlen der dort gehaltenen Schafe, s. S. 105, im Osten kommen nur Ohio und Michigan mit ansehnlichen Mengen in Betracht.

Ein wichtiger Zweig der Viehzucht ist bei der großen Vorliebe der Amerikaner namentlich für junge Hähnchen (chicken) die Geflügelzucht. Bei dem Zensus von 1900 haben von den gesamten 5.7 Mill. Farmen 5.1 über den Stand ihrer Geflügelzucht berichtet. Danach besaßen sie an über drei Monate altem Geflügel: 233.6 Mill. Hühner, 6.7 Mill. Truthühner, 5.7 Mill. Gänse und 4.8 Mill. Enten im Gesamtwerte von 85.8 Mill. Doll. Die Eiergewinnung ergab 16 Milliarden Stück im Werte von 144.3 Mill. Doll. Der Erlös aus jungem Geflügel, hauptsächlich chicken, belief sich auf 136,9 Mill. Doll., zusammen 281.2 Mill. Doll. oder 1181 Mill. Mk. oder 16 Mark auf den Kopf der Bevölkerung.

VII

Gewerbe und Industrie.

Während bis zum Bürgerkriege der Schwerpunkt der Gesamtwirtschaft der Union durchaus auf der landwirtschaftlichen Rohproduktion lag und diese in der Ausfuhr allein zur Geltung kam, hat sich seitdem ein gewaltiger Umschwung vollzogen, der mit der unerhörten Entwicklung der Mineralausbeute und des Verkehrswesens die Verarbeitung der meist eigenen Rohstoffe in den Vordergrund geschoben hat, ohne aber einen bewußten Gegensatz zwischen Landwirtschaft und Industrie zu erzeugen. Vielmehr ist man überzeugt, daß diese beiden Hauptstützen der Wirtschaft aufeinander angewiesen sind und sich gegenseitig ergänzen. In dieser Erkenntnis und in dieser Tatsache liegt das Gesunde, das Große und das unwiderstehlich Sieghafte der amerikanischen Volkswirtschaft.

Den Geldwert der Industrieerzeugnisse suchte man zuerst im Jahre 1810 statistisch festzustellen und fand 198 Mill. Dollar. Da die Feststellungen der Zensusjahre 1820 und 1830 unvollständig waren, so beginnen wir in unserer Tabelle, welche die Gesamtwerte der Industrieerzeugnisse von Jahrzehnt zu Jahrzehnt übersichtlich darstellt, mit dem Jahre 1840.

	Gesamtwert Mill. Doll.	Zuwachs seit voriger Aufnahme Mill. Doll.	Zuwachs in $^0/_0$
1840	483	254	?
1850	1 019	535	111
1860	1 885	866	85
1870	4 232	2 437	128
1880	5 369	1 047	24
1890	9 372	4 002	77
1900	13 014	3 641	39

Nimmt man den letzten Prozentsatz als bis zur Gegenwart wirksam an, so würde sich der Gesamtwert der Industrieerzeugnisse für 1905 auf rund 15 600 Mill. Doll. oder 65.5 Milliarden Mark stellen. Mit dieser fabelhaften Riesensumme steht natürlich die Union weitaus an der Spitze aller Länder der Erde. Diesen Vorrang hatte sie, wenn man einer Aufmachung von O. P. Austin glauben darf, die sich auf den Zeitraum von 1840 bis 1894 bezieht, bereits in den achtziger Jahren des vorigen Jahrhunderts erreicht. Danach betrug der Wert der Industrieerzeugnisse in Millionen Dollars

	1840	1860	1888	1894	Prozente des Wachstum seit 1840
in den Vereinigten Staaten	467	1907	7022	9498	1932
in Deutschland	1484	1995	2837	3357	127
in Frankreich	1606	2095	2360	2900	81
in England	1883	2808	3990	4283	179

Betrachten wir die Wertentwicklung der Industrieerzeugnisse nach Kopfzahl und Dollars in der Union, so entfielen auf den Kopf

1810: 27.43 1850: 43.94 1870: 109.74 1870: 149.66
1840: 28.31 1860: 59.97 1880: 107.59 1900: 170.56

Die Verschiebung der Verhältnisse zu Gunsten der Industrie, von der vorhin die Rede war, läßt sich besonders deutlich an der Zunahme der Industriebevölkerung im Gegensatz zur Ackerbaubevölkerung und durch einen Vergleich des Wertzuwachses von Industrie und Landwirtschaft klar legen. Während nämlich in dem Zeitraume 1870 bis 1900 die Zahl der Ackerbauer von 5.9 auf 10.4 Millionen oder um 4.5 Mill. Seelen oder 75% stieg, wuchs die Zahl der Industriellen von 2 auf 5.7 Mill. oder um 3.7 Mill. Seelen oder 178%. Noch überwiegt die Ackerbaubevölkerung, aber wenn sich die Prozentsätze in Zukunft gleich bleiben würden, so müßten die Industriellen zu einer gewissen Zeit die Ackerbauer nicht nur einholen, sondern auch übertreffen. Was den Zuwachs der beiderseitigen Werterzeugung anbelangt, so stieg in dem Zeitraume von 1870 bis 1900 der Industriewert von 4232 auf 13 014 Mill. Doll. oder um 8809 Mill. Doll. oder um 208 %, der Ackerbauwert von 1958 auf 3764 Mill. Doll. oder um 1806 Mill. Doll. oder um 92%. Bei der letzteren Gegenüberstellung ist allerdings zu beachten, daß die Industrie vier Fünftel ihrer Rohstoffe aus der Landwirtschaft entnimmt und daß sie die volle Hälfte der landwirtschaftlichen Erzeugnisse verarbeitet. Auch enthält die Industriestatistik viele Wiederholungen oder „Duplications"; z. B. in der Textilindustrie sind die Werte der Spinnerei, der Weberei ev. auch der Druckerei, Färberei usw. addiert. Außer der Textilindustrie sind es namentlich die Industrien mit Leder, Spirituosen, Tabak, die Müllerei, die Großschlachterei und die Konservenbereitung (Canning), die ihre Rohstoffe von der Landwirtschaft erhalten.

Die Industrie der Union hat sich, entsprechend den Besiedelungsvorgängen, zuerst im Osten des Staates entwickelt und hier wohl für alle Zukunft festen Fuß gefaßt, denn hier sind alle wesentlichen Vorbedingungen vortrefflich, teilweise aufs glänzendste erfüllt: großartige Lager von Kohle und Eisen, riesige Vorräte an Rohstoffen, beständiger Zustrom williger Arbeitskräfte und ausgezeichnete Verkehrsmöglichkeiten zu Lande und zu Wasser. Daher liegen im Osten auch die vorherrschenden Industriestaaten, mag man den absoluten oder den relativen Wert der Industrieerzeugnisse ins Auge fassen.

Nach dem absoluten Werte der Industrieerzeugnisse für das Jahr 1900 beurteilt, stehen vier Staaten mit Beträgen über 1000 Millionen Dollar in erster Linie, nämlich New York (2175), Pennsylvanien (1835), Illinois (1260) und Massachusetts (1035). In zweiter Linie, mit Beträgen über 500 Mill. Doll. folgen Ohio (832) und New Jersey (611), in dritter Reihe mit Beträgen über 150 Millionen Dollar Mississippi (385), Indiana (378), Wisconsin (361), Michigan (357), Connecticut (358), Kalifornien (303), Minnesota (262), Maryland (242), Rhode Island (184), Kansas (172) und Jowa (164). Diese vorstehend genannten siebzehn Staaten enthalten zusammen rund 11 Milliarden Doll. oder 84% des Gesamtwertes der Industrie. In den Rest von 16% teilen sich die übrigen 32 Staaten, bei denen die Industrie entweder mäßig oder schwach entwickelt oder die Raumfläche klein ist. Wir wollen sie nicht alle aufzählen, sondern nur diejenigen nennen, bei denen der Industriewert unter 10 Mill. Doll. bleibt. Es sind Norddacota (9.2), Oklahoma (7.1), Wyoming (4.3), Idaho (4.3), Süd Indiana (3.9) und Nevada (1.6). Und bei diesen würde der Industriewert noch viel geringer sein, wenn die offizielle Statistik der Union nicht die Gepflogenheit hätte, die Ergebnisse der Erzverhüttung, der Müllerei und anderer der Rohproduktion sehr nahe stehenden Tätigkeiten zu dem großen Kapitel der Industrie zu rechnen.

Wesentlich anders gestaltet sich die Reihenfolge der Staaten, wenn man den relativen oder Kopfwert zugrunde legt und dabei von dem Mittel des Gesamtstaates, das 171 Dollar ausmacht, ausgeht. Dann gibt es, nach dem Zensus von 1900, sechzehn Staaten, die sich über das Mittel des Gesamtstaates erheben, während 33 dahinter mehr oder weniger zurückbleiben. An erster Stelle seien diejenigen Staaten genannt, welche mehr als das Doppelte des Gesamtstaats (Unions) mittels aufweisen. Es sind Rhode Island (451), Connecticut (381) und Massachusetts (370). In zweiter Linie schließen sich die Staaten an, die mehr als das anderthalbfache des Unionsmittels haben, nämlich New

Jersey (322), New York (310), New Hampshire (297), Pennsylvanien (291), Illinois (262) und dann noch Delaware (252). In dritter Reihe folgen die Staaten, welche bis zum Unionsmittel herabgehen, nämlich Montana* (238), Ohio (203), Kalifornien* (202), Colorado* (190), Maine (182), Arizona* (175) und Wisconsin (172). Diejenigen Staaten, welche unter dem Unionsmittel zurückbleiben, ordnen sich durch die Zwischenräume der Kopfzahlen zu vier Gruppen, die im Nachstehenden aufgeführt sind:

167—106		87—73		54—35		30—9	
Washington	167	Louisiana	87	Tennessee	54	Norddacota	30
Vermont	166	WestVirginia	79	Nord Carol.	50	Süddacota	30
Indiana	151	Utah	76	Georgia	48	Neu Mexico	29
Minnesota	150	Jowa	75	Wyoming	47	Idaho	25
Michigan	148	Virginia	73	Alabama	45	Mississippi	25
Nebraska	131	Florida	73	Süd Carolina	44	Oklahoma	18
Mississippi	124	Kentucky	73	Nevada	39	Süd Indiana	9
Oregon	115			Arkansas	35		
Kansas	115						
Maryland	106						

Interessant ist die Frage nach der Zunahme der absoluten Industriewerte seit 1880. Da zeigt sich, daß alle Staaten ein größeres oder kleineres Wachstum erfahren haben mit der einzigen Ausnahme von Nevada, das eine Abnahme, von 2.18 auf 1.64 Mill. Doll., aufweist. Diese erklärt sich durch den Rückgang der Hüttenindustrie, der einzigen Industrie, die in dem so ungemein schwach bevölkerten Staaten vertreten ist. Bei den übrigen Staaten bewegen sich die eigentlichen Vertreter der Industrie meist in der Gegend des Unionsmittels, das für den Zeitraum 1880—1900 fast das Zweieinhalbfache (243%) ausmacht; einige wie Rhode Island, Massachusetts, Maine und New Hampshire bleiben sogar dahinter zurück, während alle, welche wesentlich darüber hinausgehen, nicht zu den Industriestaaten im engeren Sinne gehören. Die höchsten Vermehrungssätze finden sich gerade bei den der Industrie gegenüber unbedeutendsten Staaten wie Oklahoma (0.18 auf 7.08 oder das Neununddreißigfache), Arizona (das Fünfunddreißigfache), Montana (das Zweiunddreißigfache), Süd Indiana (das Sechzehnfache) usw. Diese Be-

---

* Bei den mit * versehenen Staaten erklären sich die unerwartet hohen Kopfbeträge ganz oder vorzugsweise durch die sehr wichtige Hüttenindustrie.

obachtung verrät einen gesunden Zug der Entwicklung, denn es beweist, daß sich die Industrie, in dem weiten Begriffe der Amerikaner, nicht auf einen engen Raum zusammendrängen, sondern über das ganze Land verbreiten will.

Nach dem Zensus vom Jahre 1900 hatte die Industrie der Union 512 254 Betriebe, 9817 Mill. Doll. oder 41 233 Mill. Mk. investiertes Kapital, 5 308 406 Angestellte und Arbeiter mit 2322 Mill. Doll. oder 9754 Mill. Mk. an Löhnen und einen Nettoproduktionswert von 8370 Mill. Doll. oder 35 565 Mill. Mk. aufzuweisen. Die offizielle Statistik unterscheidet eine sehr große Anzahl von Einzelindustrien, die sie zu fünfzehn Gruppen zusammenfaßt. Diese zählen wir im Folgenden auf unter Angabe der Posten für Gewerbebetriebe, Kapitalanlage, Arbeiterzahl, Löhne, Brutto- und Nettowert der Erzeugnisse.

	Zahl der Gewerbebetriebe	Kapital Mill. Doll.	Arbeiterzahl	Löhne Mill. Doll.	Bruttowert Mill. Doll.	Nettowert
Nahrungsmittel und verwandte Gewerbe	61 048	941	313 809	130	2278	1753
Textilindustrie . . .	30 048	1367	1 029 910	342	1637	1082
Eisen, Stahl und ihre Erzeugnisse . . .	13 896	1529	733 968	382	1793	984
Holz- und Holzwarenindustrie	47 079	946	546 953	212	1031	547
Leder- u. Lederwarenindustrie	16 989	344	238 202	160	584	330
Papierindustrie und Drucklegung .	26 747	558	297 551	140	606	420
Getränke	7 861	534	63 072	37	425	349
Chemikalien und Verwandtes	5 444	498	101 522	44	553	372
Ton-, Glas- u. Steinwaren	14 809	351	244 987	109	293	245
Metalle u.Metallwaren außer Eisen u. Stahl	16 305	411	190 757	97	749	371
Tabakindustrie . .	15 252	124	142 277	50	283	264
Fahrzeuge für den Landverkehr .	10 113	397	316 214	165	509	251
Schiffbau	1 116	77	46 781	25	74	42
Verschiedene Industrien	29 479	1349	483 273	203	1004	638
Handtrades, Baugewerbe, Handwerk, insbesondere Reparaturhandwerk . .	215 814	392	559 130	288	1184	721
Zusammen . .	512 254	9817	5 308 406	2322	13 004	8370

Wie bei vielen derartigen Einteilungen und Zusammenfassungen fehlt es auch bei den obigen fünfzehn Gruppen an einem einheitlichen Einteilungsprinzip und an einer ausgleichenden Verteilung; jedenfalls darf die offizielle Reihenfolge nicht maßgebend sein sollen für die wirtschaftliche Bedeutung der einzelnen Gruppen. Um eine solche Reihenfolge zu gewinnen, muß man entweder einen einzigen Gesichtspunkt zugrunde legen oder man muß das arithmetische Mittel aus der Reihenfolge sämtlicher einzelner Gesichtspunkte ziehen. Im ersten Falle wird man am besten den Nettowert der Industriegruppen zum Ausgangspunkte nehmen. Dann entsteht die nachstehende Reihenfolge mit Angabe des Prozentsatzes an dem gesamten Nettowerte:

1. Nahrungsmittel und verwandte Gewerbe 21 %.
2. Textilindustrie 13 %.
3. Eisen- und Stahlindustrie 12 %.
4. Handtrades 9 %.
5. Verschiedene Industrien 8 %.
6. Holz und Holzwaren 6 %.
7. Papier und Drucklegung 5 %.
8. Chemikalien und Verwandtes 4 %.
9. Metalle und Metallwaren 4 % (außer Eisen und Stahl).
10. Leder und Lederwaren 4 %.
11. Getränke 4 %.
12. Tabakindustrie 3 %.
13. Ton-, Glas- und Steinwaren 3 %.
14. Fahrzeuge für Landverkehr 3 %.
15. Schiffbau 1 %.

Zieht man dagegen das arithmetische Mittel aus der Reihenfolge der sechs in der obigen Tabelle aufgeführten Gesichtspunkte, so entsteht die nachstehende Reihenfolge, die vielleicht die wirtschaftliche Bedeutung der einzelnen Gruppen am besten zum Ausdruck bringt:

1. Eisen und Stahl.
2. Textilfach.
3. Nahrungsmittel.
4. Holz.
5. Verschiedenes.
6. Handtrades.
7. Papier und Drucklegung.
8. Fahrzeuge für Landverkehr.
9. Metalle.
10. Chemikalien.
11. Leder.
12. Getränke.

13. Ton-, Glas-, und Steinwaren.
14. Tabakindustrie.
15. Schiffbau.

Aus dieser Reihenfolge ersieht man, daß gerade diejenigen Gruppen an der Spitze stehen, welche ihr Rohmaterial ganz oder vorzugsweise aus dem Lande selbst entnehmen.

In der Gewinnung von Eisen und Stahl übertrifft bekanntlich die Union alle Länder der Erde und schon in den 1890er Jahren hat sie Großbritannien enttrohnt. Der Hauptsitz dieser in wirtschaftlicher Beziehung wichtigsten Industrie ist Pennsylvanien, s. S. 67. Nach Axel Sahlin lassen sich mehrere Hochofenzentren unterscheiden. Eine erste Gruppe davon liegt an den Seen in der Nähe großer Städte und Eisenbahnmittelpunkte wie Chicago, Cleveland und Buffalo. Hier sind die Arbeiter zahlreich, das Erz hat billige Wasserfrachten und die Verteilung des Absatzes ist leicht zu regeln, aber Koks ist weit entfernt und das Gebiet selbst liegt außerhalb des Zentrums der Eisenindustrie. Näher dem Haupteisenmarkte Pittsburg und näher den Koksproduzenten liegt die Hochofengruppe von Youngtown in Ohio; die meisten dieser Hochöfen sind „merchant furnaces", d. h. sie verkaufen ihr Roheisen an fremde Stahlwerke usw. Weitere Gruppen liegen bei Wheeling, im Hanging Rock Districte und bei Pittsburg; letzteres genießt den Vorzug billigen Brennmaterials und befindet sich im Mittelpunkte der Gewinnung von Petroleum und Naturgas. Im Süden bildet Birmingham in Alabama den bevorzugten Mittelpunkt von Kohle, Erz und Kalkstein; alle drei Rohmaterialien liegen dicht bei einander. Trotz der enormen Steigerung der Herstellung von Roheisen hat sich seit 1880 die Zahl der Hochofenwerke und der einzelnen Öfen stark vermindert, aber ihre Leistungsfähigkeit entsprechend erhöht. In noch höherem Grade als in der Eisenbereitung hat Pennsylvanien den Vorrang in der Herstellung von Stahl (58%/0 der Gesamterzeugung). Zwar befinden sich auch östlich der Alleghanies Stahl- und Walzwerke, die teilweise die modernste Ausstattung haben und Tausende von Arbeitern beschäftigen, aber die Mehrzahl der großen und neuen Anlagen liegt im wesentlichen westlich des Gebirges, besonders in Alleghany County bei Pittsburg. Man bereitet hauptsächlich Bessemer- und Martinstahl. Unter den Stahlfabrikaten stehen obenan die der Walzwerke, darauf folgen Stab-, Band- und Formeisen, weiterhin Schienen, Bleche und Platten.

Die Textilindustrie ist für das Land von enormer Wichtigkeit. Wenn es bisher noch nicht gelungen ist, in irgend einem Zweige an die Spitze der Welt zu kommen, so behauptet die Union doch

8 *

in der Seiden- und Baumwollindustrie den zweiten, in der Wollindustrie den dritten oder vierten Platz. Besonders bemerkenswert ist der Aufschwung, den die Seidenverarbeitung neuerdings genommen hat und wodurch sie sich der französischen mehr
und mehr nähert. Die Hauptsitze dieser Tätigkeit sind New
Jersey (Patterson) mit 180 und Pennsylvanien mit 121 Fabriken;
weiterhin folgen New York mit 92, Connecticut mit 38 und Massachusetts mit 20 Fabriken. Im J. 1903 gab es für Seide insgesamt
2 Millionen Spindeln, 62 432 Webstühle, 65 000 Arbeiter mit
einem investierten Kapital von 108 Mill. Doll. und einer Wertproduktion von 107 Mill. Doll.; davon entfielen 43 auf eingeführte
Rohseide (1904: 55 Mill.). Somit ist die Union heute ein lei-
tender Faktor in der Seidenindustrie der Welt. Man macht jetzt
alle Gewebe, die im Handel vorkommen. Die Einfuhr besteht
nur noch in den allerfeinsten Geweben, modegerechten Neuheiten,
kirchlichen Gewändern und in Spezialitäten, für die sich der
mechanische Webstuhl nicht eignet.

In der Wollverarbeitung, die zu den ältesten Gewerben
gehört, steht die Union hinter Großbritannien und Frankreich
zurück, aber ungefähr auf gleicher Stufe mit Deutschland, in einzelnen Zweigen wie in der Herstellung von Teppichen, von
Strumpf- und Strickwaren vermag sie jedoch den Wettbewerb
auszuhalten. Die Hauptwerke für Wollbearbeitung befinden sich
in Massachusetts, New York und Pennsylvanien. Die Baumwollindustrie der Union steht nur hinter derjenigen Großbritanniens zurück. Im Jahre 1905 verfügte sie über mehr als
23.85 Millionen Spindeln, gegen 500 000 Kraftwebstühle und über
300 000 Arbeiter bei einem Verbrauche von mehr als 4,56 Mill.
Ballen Rohbaumwolle. Ursprünglich hatten sie ihren Sitz fast
ausschließlich in den mittelatlantischen und namentlich in den Neu
Englandstaaten, vor allem in Massachusetts, Rhode Island, New
Hampshire und Connecticut, aber seit einiger Zeit haben sich
auch die südatlantischen Staaten eifrigste Mühe gegeben und es
dahin gebracht, daß sie jetzt halbsoviel Spindeln und Webstühle
haben wie der Norden; 1904 bestanden hier 628 Fabriken, 7 387 358
Spindeln und 162 345 Webstühle bei einem Verbrauche von zwei
Mill. Ballen Rohbaumwolle, 1905 gab es 8.5 Mill. Spindeln.
Unter den Südstaaten stehen wieder die beiden Carolina, namentlich Süd Carolina, und Georgia im Vordergrunde; in zweiter Linie
folgt Alabama und vielleicht noch Tennessee; die übrigen leisten
nicht viel.

In der Gruppe der Nahrungsmittelgewerbe ragt die neuerdings wegen der Unsauberkeit ihres Betriebes viel angefochtene
Großschlächterei turmhoch hervor mit einem Gesamtwert von

790 Mill. Doll. (3318 Mill. Mk.); davon entfallen 288 auf Illinois, 77 auf Kansas usw. Von den Hauptsitzen dieser Tätigkeit hatte Chicago im Jahre 1900 einen Produktionswert von 257, Kansas City von 74 und South Omaha von fast 70 Mill. Doll. Das Eigentümliche bei dem Betriebe der Großschlächterei oder der Packing houses besteht darin, daß nicht nur die verschiedensten Arten von Fleischverwendungen stattfinden, sondern auch die Nebenprodukte und alle Abfälle in irgend einer Weise ausgenutzt werden. Dadurch erst wird der Betrieb rentabel.

In seiner heutigen Form und an ihren jetzigen Mittelpunkten besteht die Großschlächterei erst seit reichlich dreißig Jahre, seitdem nämlich das Verfahren gefunden war, das Fleisch in Blechdosen mittels vollkommener Sterilisation durch gründliches Kochen zu konservieren und in luftdichten Behältern zu verpacken. Von da an brauchten die Schlachttiere nicht mehr nach dem Osten gebracht, sondern konnten mehr im Westen nahe bei ihren Weideplätzen verarbeitet werden. So wurden zunächst in Chicago die Viehhöfe oder Stock Yards geschaffen, die gegenwärtig einen Raum von ungefähr 200 ha umfassen, zu zwei Dritteln aus Viehhürden bestehen und ein Personal von 1800 Personen erfordern. Täglich kommen hier viele Tausend Tiere, s. S. 107, mit der Eisenbahn an, werden nach erfolgter Fütterung in die Hürden gebracht und dort durch besondere Kommissionäre an Großschlächter, Verlader und Mäster nach dem Lebendgewicht verkauft, das durch staatliche Beamte ermittelt wird. Das für die in unmittelbarer Nähe der Stock Yards gelegenen Schlachthäuser bestimmte Vieh wird nach besonderen Lagerplätzen getrieben, wo es 24 Stunden bleibt. Das Schlachten selbst erfolgt in den oberen Räumen vierstöckiger Gebäude, zu denen die Tiere mittels aufsteigender Gänge gelangen, während die mehr oder minder fertigen Erzeugnisse vermöge der eigenen Schwere durch entsprechende Vorkehrungen in die unteren Abteilungen geleitet werden.

Die Verarbeitung liefert Büchsenfleisch, Wurst, Schinken, Schmalz, Fleischextrakt, verschiedene Pökelprodukte usw. Von den Nebenprodukten gehen die Köpfe und Füße in die Düngefabriken und Leimsiedereien. Die Hörner werden in Kämme, Knöpfe, Haarnadeln und Dünger umgewandelt. Der Schienbeinknochen wird von den Füßen abgetrennt und, ebenso wie Schenkelbein und Schulterblatt, zur Anfertigung von Griffen für Messer und Zahnbürsten, Mundstücken für Pfeifen, Knöpfen und billigen Schmucksachen benutzt, während die Abfälle davon wieder Leim und Dünger geben. Aus den Hufen entstehen Haarnadeln, Knöpfe, eisenbleisaure Salze und Dünger. Aus den Füßen und Knöcheln, den Hautabfällen, den Sehnen, den kleineren Knochen usw. wird Leim, Gallerte, Hausenblase, Klauenfett, Talg und Stearin gewonnen. Die Rinderschwänze sind wertvolles Material für die Herstellung von Füllhaaren, die Borsten der Schweine für die Bürstenfabrikation. Aus Talg und Fett macht man Seife, Waschpulver und Glycerin. Die Schweinemagen, Brust-, Schild- und sonstigen Drüsen werden zur Darstellung von Pepsin, Pankreatin, getrocknetem Thysoid und anderen medizinischen Präparaten verwertet. Blut und Abfälle aller Art liefern außer Dünger (tankage) auch Eiweiß sowie Vieh- und Vogelfutter. Auch Phosphorsäure, Phosphor, Knochenkohle, schwarze Pigmente, schwefelsaures Ammoniak, Knochenöl usw. lassen sich aus den Abfällen der Schlachthäuser herstellen.

Zur Gruppe der Nahrungsmittelgewerbe gehört auch die Müllerei, die im Jahre 1900 einen Gesamtwert von 561 Mill. Doll. (2355 Mill. Mk.) ergab. Davon entfielen 84 auf Minnesota, 43 auf New York, je 37 auf Pennsylvanien und Ohio, 31 auf Illinois, 30 auf Indiana, je 26 auf Missouri und Wisconsin usw. Der Hauptsitz der Müllerei ist Minneapolis in Minnesota, das schlechthin als milling city bezeichnet wird. Es gibt in Minneapolis 21 flour mills, die täglich 80 000 Faß Mehl liefern können. Sie liegen am Flusse südwärts von der Brücke über den Mississippi und benutzen die Kraft der St. Antoniusfälle, sind aber auch mit Dampfeinrichtung versehen, um bei sehr niedrigem Wasserstande nicht feiern zu müssen. Die Benutzung der Wasserkraft ist allerdings eine ganz andere, als wir sie von unseren Mühlen älterer Bauart gewöhnt sind. Man leitet nämlich das Wasser von den Fällen in bedeckten Holzkanälen bis zu den Werken, wo es zum Betriebe von Turbinen verwendet wird. Die meisten der 21 Getreidemühlen werden von drei großen Gesellschaften kontrolliert: der Pillsbury-Washburn Co., der Washburn Crosby Co. und der Northwestern Consolidated Milling Co. Die größte Einzelmühle, zugleich „the largest mill in the world", ist Pillsbury A mit einer täglichen Leistungsfähigkeit von 15 000 Barrels. Würden alle Mühlen stets voll beschäftigt sein, so würden sie in einem Jahre gegen 24 Millionen Barrels Mehl liefern können, tatsächlich bringen sie es aber nur zu zwei Dritteln dieses Betrages, aber diese stellen immerhin die kolossale Wertsumme von 215 Millionen Mark dar.

Die Holzindustrie, mit einem Produktionswerte von 567 Mill. Doll. = 2480 Mill. Mark, gehört zu den ältesten Betrieben. Schon 1850 nahm das Sägen und Hobeln des Holzes den zweiten Rang in der gewerblichen Tätigkeit ein. Seitdem drang die Unternehmungslust, auf großes Kapital gestützt, immer weiter nach Westen vor und nahm immer größeren Umfang an.

Heute gibt es vier Hauptgebiete: 1. die Seestaaten Michigan, Wisconsin und Minnesota mit zusammen 27.4% der Gesamtproduktion; man verarbeitet vornehmlich die Weißkiefer und die Norwegische Kiefer (Norway pine); 2. Pennsylvanien 16%, mit zahlreichen kleinen Betrieben; 3. die Südstaaten 25.2% (Gelbkiefer); 4. die pazifischen Staaten 9.3% mit den größten Unternehmungen. Man nimmt an, daß das bislang wichtigste Gebiet der Seestaaten in wenigen Jahren erschöpft sein wird. Einstweilen ist Duluth am Oberen See einer der hervorragendsten Sitze der Müllerei und der Ausfuhr. Die Verarbeitung geschieht soweit wie möglich auf maschinellem Wege und ist höchst interessant zu sehen.

Verfolgen wir kurz das Schicksal der Baumstämme (logs), die eben noch im Wasser dicht aneinander gedrängt liegen und von verschiedener Dicke und Güte sind. Auf einem Holzgerüst vor der Mühle stehen mehrere Männer, welche die Logs mit ihren Enden zu einer schräg in die Höhe führenden Gleitbahn leiten, wo sie in das Bereich der Dampfkraft kommen und, von dieser getrieben und geschoben, aufwärts zur Plattform der Sägerei marschieren. Hier angekommen, werden sie nach der Dicke sortiert und den verschiedenen Sägen zugewiesen. Das geht so schnell, daß man den Vorgang eben mit dem Auge verfolgen kann. Dabei sieht es ungemein drollig aus, wenn auf einmal aus der Tiefe ein kräftiger eiserner Kolben auftaucht und den gerade angekommenen Stamm, der vielleicht ein Meter im Durchmesser hält, in seine richtige Lage klopft oder ihm ein paar tüchtige Rippenstöße versetzt, um ihn auf eine andere Gleitbahn zu bringen. Von den Sägen, deren Gestelle beständig hin- und hergehen, werden die Stämme zuerst zu vierseitigen Balken zurecht geschnitten, wobei das Wenden derselben sehr rasch und exakt vor sich geht, dann in Bohlen und Bretter von verschiedener Dicke zerlegt. Diese marschieren dann weiter, werden auf die Breitseite gelegt und sortiert. Jede Gattung verfolgt ihren eigenen Weg; meist drehen sie im rechten Winkel um und laufen aus der Plattform heraus. Die gewöhnlichen Sorten werden weggeschafft und aufgestapelt, während die besseren vorher erst in einem besonderen Gebäude mittels künstlicher Wärme getrocknet werden. Geschähe dies nicht, so würden sie beim Lagern schwarz werden und an Verkaufswert erheblich verlieren. Die Rindenteile, die zuerst von den Stämmen abgesägt wurden, sowie die aus irgend einem Grunde aussortierten Bretter gehen geradenwegs ein Stück weiter, bis sie zu den Stellen gelangen, wo sie zu Schindeln zerschnitten werden. Was dazu nicht verwendet werden kann, sowie aller sonstiger Abfall marschiert langsam auf einer aufsteigenden Bahn zu einem massiven, mit einer Metallhaube versehenen Turme, wo alles verbrannt wird. Tag und Nacht glüht hier ein gewaltiges Feuer, das enorme Massen Holz zu Asche verwandelt, weil man in den Sägewerken damit nichts anfangen kann. Die Herstellung von Papier, mit einem Produktionswerte von 127 Mill. Doll. = 533 Mill. Mk., ist vorzugsweise auf den Holzreichtum und die Wasserkräfte des Landes angewiesen, denn in obiger Summe ist der Wert der Cellulose (pulp), die man vorzugsweise aus weichen Hölzern wie Fichte und Pappel herstellt, inbegriffen. Die wichtigeren Staaten für Papierbereitung sind Massachusetts (17%), New York, Maine, New Hampshire und neuerdings auch Wisconsin. Unter Anwendung zahlreicher Maschinen versteht man auch feinere Sorten (Royal Irish, Linen, Glaced finish usw.) zu machen.

Im Anschluß an die Bereitung von Eisen und Stahl ist die Gruppe der Maschinenindustrie, Gesamtwert 645 Mill. Doll., zu herrlicher Blüte gediehen, was Mannigfaltigkeit und Zweckmäßigkeit der Erzeugnisse betrifft. Lokomotiven baut man hauptsächlich in Pennsylvanien (48% der Gesamtproduktion), und die betreffenden Werkstätten zeigen besonders deutlich die für die amerikanische Industrie so charakteristische Ersparnis an Zeit und Arbeit. Große bewegliche Kräne sind imstande, ganze Maschinen aufzuheben und wegzutragen. Für jeden Teil der Montierungsarbeit ist eine besondere Arbeitergruppe bestimmt, die nur eine einzige Leistung zu vollziehen hat. Meist nimmt der Bau einer Lokomotive mehrere Wochen in Anspruch; acht Tage gilt gewöhnlich als die kürzeste Frist. Landwirtschaftliche Maschinen, die man im Lande in so großem Umfange braucht, stellt man hauptsächlich in Illinois (41.5%), Ohio und New York her. Fahrräder, Schreibmaschinen und Elektrizitätseinrichtungen werden vornehmlich in New York, außerdem in Illinois und Pennsylvanien gemacht.

In Gerberei und Zubereitung des Leders sind vor allem Massachusetts, New York und Pennsylvanien tätig. Wegen Abnahme der Schäleichen im Osten verbreitet sich die Gerberei auch nach dem Westen. Der größte Teil des Leders wird zu Stiefeln und Schuhen verarbeitet und zwar vorzugsweise durch Fabrikbetrieb und teilweise in ausgesprochener Spezialisierung. In Massachusetts z. B., wo 45% aller Schuhwaren hergestellt werden, liefert Brockton fast ausschließlich Herrenstiefel, Lynn Frauenstiefel und Haverhill Beschuhung für Frauen und Kinder. Neben Massachusetts arbeiten im gleichen Fache New Hampshire und Maine. Lederhandschuhe macht man hauptsächlich in New York (70% in Glovershill und Johnstown), demnächst in Chicago, auch in Wisconsin. Die meisten amerikanischen Lederwaren sind von vorzüglicher Beschaffenheit und von gefälligem Schnitt. Massenhaft ist die Herstellung von alhoholischen Getränken, namentlich von Bier und Branntwein. Die ersten Whiskystaaten sind Illinois und Kentucky. Bier (1899/1900: gegen 45 $1/_3$ Mill. hl im Werte von 995 Mill. Mk.) braut man vornehmlich in New York, Pennsylvanien, Wisconsin, Ohio und Missouri. Die größten Brauereien, denen Europa nichts Ähnliches an die Seite zu setzen hat, sind deutsche Unternehmungen wie Annheuser-Busch in St. Louis und Pabst-Schlitz in Milwaukee. Die Brauerei von Anheuser-Busch in St. Louis bedeckt einen Raum von 125 Acres = 50 ha; sie beschäftigt 5600 Personen und setzt sich aus einer Menge Sonderwerkstätten zusammen. In den Lagerräumen, die wie auch sonst in der Union sämtlich überirdisch und durch Eis gekühlt sind, lagern beständig 600000 hl. Täglich werden 800 000 Flaschen gefüllt. Die Versendung nach auswärts geschieht in eigenen Waggons, deren die Brauerei 2000 besitzt. Dem Stadt- und Nahverkehr dienen 35 Automobile und 260 schwere Pferde. Eine Sehenswürdigkeit für sich sind die Ammoniak-, Kälte- und Eismaschinen. Von letzteren sind zwölf vorhanden, die täglich 3300 Tonnen Eis bereiten.

Für Glaswaren stehen Pennsylvanien und Indiana in erster Reihe (zusammen zwei Drittel der Gesamtproduktion im Werte von etwa 230 Mill. Doll). Die meisten Werkstätten dafür liegen auf dem Lande oder in Kleinstädten, weil man mit Naturgas brennt, außerdem in Pittsburg und Muncie (Ind.) Die Töpferei mit einer Wertproduktion von 195 Mill. Mk. blüht vornehmlich in New Jersey, Ohio und Pennsylvanien.

Bei der Tabakindustrie mit einem Gesamtwerte von 1190 Mill. Mk. entfallen 56.6% auf Zigarren und Zigaretten, 36.7% auf Rauch-, Kau- und Schnupftabak und 6.7% auf Entrippung des Tabaks. Die Herstellung von Zigarren ist fast allgemein verbreitet. Die führende Rolle haben New York (erster in Zigaretten), Pennsylvanien, Ohio (nur Zigarren), Florida und Illinois. Hauptstädte dafür sind New York City, Cincinnati (viele Deutsche), Philadelphia und Pittsburg. Die Bereitung von Rauch-, Kau- und Schnupftabak geschieht vornehmlich in Mississippi, Nordcarolina, Kentucky und New Jersey.

Was die amerikanische Industriearbeitsweise anbelangt, so herrscht in Fachkreisen die fast übereinstimmende Meinung, daß für gleiche, ja sogar für größere Leistungen in Amerika weniger Arbeiter nötig seien als in den fortgeschrittensten

121

Ländern Europas. Die Ursache dieser auch statistisch nachgewiesenen Tatsache beruht nicht nur auf umfangreicherer Benutzung von Maschinen und besserer Betriebsorganisation, sondern auch auf besonderen Eigenschaften der Arbeiterschaft. In der Union strebt man nämlich nicht danach, die Arbeiter in allen Zweigen ihres Faches auszubilden, s. S. 38, sondern sucht möglichst für jede Teilarbeit eine Spezialmaschine und dafür den passenden Mann zu finden, damit er die höchste Leistung erziele. Wer aber eine gewisse Durchschnittsleistung nicht zu erreichen vermag, wird erbarmungslos entlassen. Bei der Lohnbemessung huldigt man einem aus Akkord- und Zeitlohn gemachtem Verfahren. Für die Fertigstellung eines bestimmten Werkstückes wird dabei von vornherein eine gewisse Zeit festgesetzt sowie auch ein bestimmter Lohn. Wer nun für seine Aufgabe ein geringeres Zeitmaß braucht als das festgesetzte, der erhält eine sogenannte Zeitprämie. In vielen Werken sind sogenannte Standard Bureaus eingerichtet, in denen die gelieferte Arbeit strenge und unparteiisch geprüft wird.

Durch das bekannte rigorose Zollsystem der Union, das namentlich gegen Ende des 19. Jahrhunderts ungemein verschärft worden ist, wurde es möglich, in verhältnismäßig kurzer Zeit die früher übermächtige fremde Einfuhr an Industrieerzeugnissen nicht nur beträchtlich einzuschränken, sondern für gewisse Zweige fast vollständig zu ertöten. Daß diese Politik mächtig zur Hebung und Ausbreitung der Industrie beigetragen und sie befähigt hat, die enormen Rohstoffe des Landes zu lohnenden Preisen selbst zu verarbeiten, unterliegt keinem Zweifel. Aber damit begnügt man sich nicht, sondern sucht auch die fremden Märkte zu erobern und, wenn möglich, zu beherrschen. In diesem Sinne ist einerseits das vorzüglich organisierte Konsulatswesen tätig, anderseits das Verfahren der Industrie danach eingerichtet. In gewissen Fällen verkauft man die Industrieerzeugnisse zu einem auffallend billigen Preise — meist viel billiger als in der Heimat —, in anderen legt màn auswärts Filialen an und bekämpft so den fremden Staat auf seinem eigenen Grund und Boden.

Durch diese und andere Maßregeln ist jedenfalls die Ausfuhr von Industrieerzeugnissen auf das kräftigte gesteigert worden. Im Verlaufe eines Jahrhunderts (1800/1905) stieg sie von 2.4 auf 544 Mill. Doll.; das stärkste Wachstum erfuhr sie seit 1890, in welchem Jahre sie nur 151 Mill. Doll. betrug. Interessant ist es, den Anteil statistisch zu verfolgen, den die Industrieerzeugnisse an der Gesamtheit der Einfuhr und der Ausfuhr genommen haben und nehmen. Er betrug

	an der Gesamt- einfuhr	an der Gesamt- ausfuhr
1820 %	44.9.	7.5
1850 %	37.9	13.0
1870 %	27.9	15.0
1890 %	20.0	17.8
1902 %	16.6	30.8
1905 %	?	36.4

Von der Industrieausfuhr geht über die Hälfte nach Europa und fast ein Viertel nach dem übrigen Nordamerika; der Rest verteilt sich so, daß Asien, Ozeanien (Australien) und Südamerika fast gleich viel erhalten, während Afrika um zwei Drittel hinter diesen zurücksteht.

Wenn nun auch, wie wir mehrfach hervorgehoben haben, die amerikanische Industrie in der bevorzugten Lage ist, zum größten Teil Rohstoffe des eigenen Landes verarbeiten zu können, so vermag sie doch nicht ganz auf fremde zu verzichten und je mehr sie selbst nach Werterzeugung, Güte und Mannigfaltigkeit wächst, umso mehr muß sie fremde Materialien heranziehen. Die Statistik beweist, daß dabei nach Wert und Prozentsatz ein regelmäßiges und beträchtliches Wachstum stattfindet. Die Wertsumme und der Prozentsatz an der Gesamteinfuhr betrugen z. B. für 1860: 61.5 Mill. Doll. und 17.4%, für 1880: 160 Mill. Doll. und 25.5%, für 1900: 299.3 Mill. Doll. und 31.8%, für 1902: 327.6 und 36.2%.

Betrachten wir zum Schluß den Anteil, den die Industrieausfuhr an der Gesamtausfuhr eigener Erzeugnisse nimmt, so läßt sich zwar im allgemeinen eine absolute und relative Zunahme konstatieren, aber sie ist doch, wie die nachstehende kleine Tabelle zeigt, mancherlei Schwankungen unterworfen.

	Gesamt- eigenausfuhr	davon Industrie- ausfuhr		Gesamt- eigen ausfuhr	davon Industrie- ausfuhr
1870	376 Mill. Doll.	15 %	1890	845 Mill. Doll.	17.9%
1875	499	16.6%	1895	793	23.1%
1880	824	12.5%	1900	1370	31.6%
1885	727	20.2%	1901	1460	28.2%

VIII

Der Handel.

Der Handel, über dessen Voraussetzungen und allgemeine Entwicklung früher, s. S. 52, gesprochen worden ist, zerfällt in Außen- und Binnenhandel.

Der Außenhandel, über den eingehende und ·weitzurückreichende statistische Nachweise vorliegen, hat, wie alle Wirtschaftszweige von Jahrzehnt zu Jahrzehnt einen fast regelmäßigen Fortschritt aufzuweisen; nur in den sechziger Jahren gab es einen deutlichen Rückschlag. In dem halben Jahrhundert 1853/1902 gestaltete sich der Fortschritt des Gesamtwertes des Außenhandels wie folgt:

Mill. Doll.		Mill. Doll.		Mill. Doll.		Mill. Doll.	
1853	467	1862	380	1876	1001	1903	2446
1860	687	1866	784	1883	1547	1904	2487
1863	380	1873	1165	1893	1714	1905	2636

Seit 1853 hat sich demnach der Gesamtwert des Außenhandels versechsfacht, seit 1893 hat er um die Hälfte zugenommen. Mit der Summe des Jahres 1903 im Betrage von 10 274 Mill. Mk. stehen die Vereinigten Staaten an dritter Stelle des Welthandels und werden nur von England (16 026) und vom Deutschen Reiche (11 451) übertroffen. An vierter Stelle folgt dann Frankreich (7333), an fünfter Holland (7130).

Wenn auch zwischen Einfuhr und Ausfuhr nicht immer dasselbe Verhältnis geherrscht hat, so hat doch in den meisten Fällen die Ausfuhr überwogen, wie das von einem Lande mit einer so gewaltigen Rohproduktion nicht anders erwartet werden kann. In dem genannten halben Jahrhundert haben sich beide Bewegungen folgendermaßen entwickelt. Es betrug

	Einfuhr Mill. Doll.	Ausfuhr Mill. Doll.		Einfuhr Mill. Doll.	Ausfuhr Mill. Doll.
1853	264	203	1876	461	540
1860	354	333	1883	723	824
1862	189	191	1893	866	948
1863	243	204	1903	1026	1420
1866	435	348	1904	1036	1451
1873	642	523	1905	1117	1519

Somit hat sich in dem halben Jahrhundert die Einfuhr vervierfacht, die Ausfuhr versiebenfacht, ein Vorgang, der in der Entwicklung des Außenhandels gleich großer und gleich wichtiger Länder wohl ohne gleichen dastehen dürfte. Interessant ist dabei festzustellen, mit welchen Anteilen die verschiedenen Wirtschaftszweige an der Ausfuhr teilnahmen.

		Landwirtschaft	Bergbau	Wald	Fischerei	Sonstiges
1860	%	81.13	0.31	3.26	1.31	1.23
1870	%	79.35	1.10	3.27	0.62	0.66
1880	%	83.25	0.71	2.11	0.64	0.81
1883	%	77.00	1.30	3.56	0.78	0.67
1893	%	74.05	2.41	3.38	0.67	0.47
1903	%	62.73	2.81	4.16	0.56	0.46
1904	%	59.48	3.20	4.80	0.60	0.40
1905	%	55.03	3.42	4.7	0.48	0.46

	Rohproduktion zusammen	Fabrikate
1860	87.24	12.76
1870	85.00	15.00
1880	87.52	12.48
1883	83.31	16.69
1893	80.98	19.02
1903	70.72	29.28
1904	68.48	31.52
1905	63.53	36.44

Hinsichtlich seiner geographischen Verbreitung kennzeichnet sich der Außenhandel der Vereinigten Staaten als ein Welthandel, da er sich über alle Erdteile und alle Teile derselben erstreckt, allerdings in verschiedener Stärke. In erster Linie steht dabei der Erdteil Europa mit einem Betrage von 1567 M. D. oder 64% des Gesamtwertes (1903). In zweiter Linie folgt Nordamerika mit einer Summe von 368 Mill. Doll. oder 15%. Daran schließen Asien mit 213 Mill. Doll. oder 9 %, Südamerika mit 158 Mill. Doll. oder reichlich 6 %, Australien mit 91 Mill. Doll. oder 4% und Afrika mit 49 Mill. Doll. oder 2%. Unter den Einzelländer lassen sich sechs Klassen unterscheiden. Die erste bildet England allein mit 714 Mill. Doll. oder fast 30 % des Gesamthandels. In der zweiten Klasse befindet sich ebenfalls nur ein Staat, nämlich das Deutsche Reich mit 313 Mill. Doll. oder beinahe 13%. In die dritte fallen Canada (178 Mill. Doll.), Frankreich (167) und die Niederlande (101). Zur vierten bis

125

50 Mill. Doll. herab, gehören Cuba (85), Mexiko (84), Brasilien (78), Belgien (69), Japan (65), Italien (61), das Britische Indien (56) und China (56) einschließlich der Britischen Besitzung Hongkong, denn der dort vollzogene Handel bezieht sich doch auch vorzugsweise auf China. In die fünfte Klasse bis auf 10 Mill. Doll. herab sind das Britische Australien (46), Hawai (34 für 1900), das Britische Afrika (32), Rußland (26), Spanien (26), das Britische Westindien (23), Argentinien (21), die Schweiz (21), Österreich-Ungarn (18), Dänemark (17), das Niederländische Indien (17), Schweden-Norwegen (15), die Philippinen (15), Chile (13) und Ägypten (11) zu rechnen. Alle übrigen Gebiete bilden die sechste Klasse mit Wertsummen unter 5 Mill. Doll., die wir nicht aufzählen wollen. Nur sei bemerkt, daß von den europäischen Ländern die Nordbalkanstaaten fehlen. Bei Südamerika vermißt man Paraguay in der offiziellen Statistik; Bolivia und das französische Guiana sind mit minimalen Beträgen vertreten. In Asien fehlt Persien und ganz Nordasien. Was Afrika anbelangt, so sind die Wertsummen, wenn man von den Britischen Besitzungen und von Ägypten absieht, durchaus belanglos.

Das Verhältnis zwischen Ausfuhr und Einfuhr gestaltet sich sowohl bei den Erdteilen als auch bei den Einzelländern in den meisten Fällen verschiedenartig und zeigt nicht selten starke Gegensätze. Über die Erdteile gibt die folgende Tabelle mit den Wertsummen und Hundertanteilen für 1903 und 1905 genügende Auskunft.

	Ausfuhr nach			
	1903		1905	
	Mill. Doll.	%	Mill. Doll.	%
Europa	1029	72	1021	67
Nordamerika	215	15	261	17
Südamerika	41	3	57	4
Asien	58	4	129	9
Oceanien (Australien)	37	3	33	2
Afrika	38	3	19	1

	Einfuhr aus			
	1903		1905	
	Mill. Doll.	%	Mill. Doll.	%
Europa	547	53	541	48
Nordamerika	190	19	227	20
Südamerika	107	11	151	14
Asien	148	14	162	15
Oceanien (Australien)	21	2	25	2
Afrika	13	1	11	1

Demnach ist Europa ein vorherrschendes Ausfuhrgebiet, bei Nordamerika halten sich bei den Hundertteilen Ausfuhr und Einfuhr die Wage, während bei Asien und Südamerika die Einfuhr stark, bei Australien und Afrika schwach überwiegt.

Bei den Ausfuhreinzelländern können wir, wie bei dem Gesamtaußenhandel, sechs Klassen unterscheiden. Auch in diesem Falle bildet Großbritannien die erste Gruppe für sich. Im Jahre 1903 bezog es aus der Union Waren im Werte von 524 Mill. Doll. oder 37% der Gesamtausfuhr. Zur zweiten Gruppe gehören das Deutsche Reich mit 194 Mill. Doll. oder beinahe 14% und Kanada mit 123 Mill. Doll. oder 9%. Diese drei Länder nehmen also drei Fünftel der Gesamtausfuhr der Union bei sich auf. In der dritten Gruppe sind wieder zwei Staaten vertreten, nämlich die Niederlande (78 Mill. Doll.) und Frankreich (77). Rechnen wir die vierte Gruppe bis zu 20 Mill. Doll. herab, so sind Belgien (47), Mexiko (42), Italien (35), das Britische Australien (33), das Britische Afrika (32), China nebst Hongkong (28), Cuba (22) und Japan (21) aufzuzählen. Zur fünften Gruppe, bis 5 Mill. Doll. herab, gehören Rußland (17), Dänemark (16), Hawaii (13), Argentinien und Brasilien (je 11), das Britische Westafrika und Norwegen-Schweden (je 10), Österreich-Ungarn (7) und Portorico (5). In die sechste Gruppe fallen alle übrigen Einzelgebiete, doch sind darunter ziemlich viele mit sehr geringen Wertbeträgen. Außer den bei dem Gesamthandel aufgeführten Ländern sind bezüglich der Ausfuhr Griechenland, die Schweiz, Ägypten und die europäische Türkei hervorzuheben.

Bei den Einzelgebieten der Einfuhr können wir uns mit fünf Klassen begnügen. Die erste bilden Großbritannien mit 190 Mill. Doll. oder fast 19 % der Gesamteinfuhr und das Deutsche Reich mit 119 Mill. Doll. oder fast 12%. Zur zweiten Klasse sind Frankreich (90 Mill. Doll.), Brasilien (67), Cuba (63), Kanada (55) und das Britische Indien (52) zu rechnen, zusammen 32%. Zur dritten gehören Japan (44), Mexiko (41), Italien (36), China (28), die Niederlande (23), die Schweiz und Hawaii (je 21), zusammen 21%. Die vierte besteht aus den Gebieten mit einer Einfuhr zwischen 11 und 5 Mill. Doll.; nämlich das Niederländische Ostindien (16), das Britische Westindien (13), Österreich-Ungarn, Ägypten und die Philippinen (je 11), Rußland, Argentinien und Chile (je 9), Spanien (8), die Türkei (6), Schweden-Norwegen, Venezuela und das türkische Asien (je 5); zusammen fast 11%. In den Rest von 5% teilen sich die Gebiete der fünften Klasse, auf deren Aufzählung wir verzichten. Von den europäischen Ländern mit fast ausschließlicher Einfuhr ist die Schweiz ganz besonders hervorzuheben; mehr oder weniger vorherrschend ist sie bei Österreich-Ungarn, Frankreich, Griechenland, Italien und der europäischen Türkei. Zu den vorherrschenden Einfuhrländern gehören außerdem noch die mittelamerikanischen Kleinstaaten, das Britische Westindien, Cuba, San Domingo, Brasilien, Chile, Ecuador, das britische und das niederländische Guiana, Uruguay, Venezuela, China, das Britische Indien, das Niederländische Indien, Japan, das türkische Asien und die Philippinen.

Die Handelsstellung der vorher besprochenen Einzelländer hat sich im Laufe der Zeit mehr oder weniger stark geändert. Betrachten wir in dieser Beziehung nur einige der wichtigeren Gebiete von der Zeit nach dem Bürgerkriege an, so ist zunächst hervorzuheben, daß Großbritannien zwar nicht nach dem absoluten Betrage, wohl aber im Verhältnis zum Gesamthandel und in demjenigen zwischen Ausfuhr und Einfuhr einen sichtlichen Verlust zu verzeichnen hat. Während es, wie früher gezeigt wurde, im Jahre 1903 mit fast 36%, 1905 aber nur mit 27% vertreten war, leistete es im Jahre 1866 reichlich 48% des Gesamthandelswertes. Von der Ausfuhr nahm es damals volle 51% gegen 37% im Jahre 1903 und gegen 35% im Jahre 1905 auf, von der Einfuhr sendete es 1866 fast 46%, 1903 kaum 19%, 1905 aber nur 16%. Dieser beträchtliche Rückgang tritt auch in den absoluten Zahlen hervor, denn 1866 betrug die englische Einfuhr 202 Mill. Doll.; sie stieg 1872 bis 249 Mill. Doll. und sank dann bis 1903 auf 190 Mill. Doll., 1905 auf 176 Mill. Doll. Im Gegensatz zu England hat das Deutsche Reich sowohl eine absolute als auch eine relative Vermehrung seines Werthandels mit den Vereinigten Staaten erfahren. Im Jahre 1873 betrug sein Anteil an dem Gesamthandel 123 Mill. Doll. oder 9%, 1903 aber 313 Mill. Doll. oder beinahe 13%, 1905 309 Mill. Doll. oder 12%. An der Ausfuhr wie an der Einfuhr war es 1873 mit fast gleichen Summen und Prozenten beteiligt. Seitdem hat sich die Ausfuhr nach dem Deutschen Reiche verdreifacht, die Einfuhr nach der Union aber beinahe verdoppelt. Im Jahre 1905 betrug die Ausfuhr nach dem Deutschen Reiche 191, die Einfuhr von da 118 Mill. Dollar. Noch stärker ist die prozentuale Zunahme in dem Handel der Union mit Frankreich. Im Jahre 1865 stellte letzteres nur 18 Mill. Doll. oder kaum 2%, 1903 dagegen 167 Mill. Doll. oder fast 7%, 1905 etwas weniger. Aber seinen Höhepunkt hat es bereits seit Anfang der 1880er Jahre hinter sich, denn 1880 nahm es von der Union Waren im Werte von 100 Mill. Doll. oder 12% der Gesamtausfuhr und 1883 sendete es von seinen Erzeugnissen für eine Summe von 98 Mill. Doll. oder 14%. Eine ansehnliche Zunahme zeigt auch Kanada. 1873 leistete es rund 70 Mill. Doll.

oder reichlich 5% des damaligen Gesamthandels, 1903 reichlich 7%, 1905 fast 8 %. Von der Ausfuhr kamen ihm 1873 5 %, 1903 fast 9%, von der Einfuhr 1866 ebenfalls 5%, 1903 aber ebenfalls 5 % zu. Im Jahre 1905 herrschte dasselbe Verhältnis.

Wenden wir uns zu den Gegenständen des Außenhandels und betrachten zuerst die Ausfuhr, so wurde schon früher darauf hingewiesen, daß der Anteil der Rohproduktion an der Ausfuhr prozentuell hinter dem der Fabrikate zurückweicht. Diese Bewegung ist besonders auffällig in den Jahren 1903 und 1905 hervorgetreten, wie die nachfolgende Tabelle zeigt. Es lieferten

	1903		1905	
	Mill. Doll.	%	Mill. Doll.	%
die Landwirtschaft	913.65	62.68	820.86	55.03
der Bergbau	44.78	3.08	50.97	3.42
die Forstwirtschaft	64.13	4.40	62.12	4.17
die Fischerei	6.87	0.47	7.24	0.48
die Rohproduktion	1028.43	70.63	941.19	63.10
die Industrie	421.45	28.91	534.61	36.44
Verschiedenes	6.75	0.45	6.94	0.46

Bei den Einzelgegenständen der Ausfuhr kann man siebzehn Gruppen unterscheiden bis herab zu einem Werte von 10 Mill. Doll. Weitaus in erster Linie steht die Baumwolle, die im Jahre 1903 einen Ausfuhrwert von 317 Mill. Doll. brachte oder etwa ein Viertel der Gesamtausfuhr. Die ersten Ausfuhrhäfen dafür sind New Orleans und Galveston, weiterhin Savannah. Charleston, New York, Baltimore, Norfolk usw. Von der obigen Wertsumme ging für fast 300 Mill. Doll. nach Europa, namentlich nach Großbritannien (125 Mill. Doll.) und Deutschland (85), der Rest nach dem Britischen Nordamerika, nach Mexiko und Japan. Den zweiten Rang in der Ausfuhr haben die Brotstoffe mit einer Summe von 221 Mill. Doll., davon entfielen 1893 41 auf Mais, 88 auf Weizen und 74 auf Weizenmehl. Weiterhin folgen die tierischen Lebensmittel (provisions) mit rund 180 Mill. Doll., davon Speck 51, Schinken 26, frisches Rindfleisch 25, durchwachsener Speck 22, Oleomargarin 12 und gesalzenes und gepökeltes Schweinefleisch 10 Mill. Doll. Der Hauptnehmer von Brotstoffen und tierischen Lebensmitteln ist Großbritannien. An vierter Stelle der Ausfuhr ist Eisen und Stahl sowie Fabrikate daraus zu nennen: 1903 mit 97 Mill. Doll., dagegen 1905

135 Mill. Doll.; die reichliche Hälfte davon (51) entfällt auf Maschinen. Auffällig ist die Zunahme der Ausfuhr an Eisen- und Stahlfabrikaten (ohne Maschinen), denn sie stieg von 1903 zu 1904 (Kalenderjahr) von 326 590 auf 1 167 678 Großtonnen; die verhältnismäßig höchsten Beträge davon (Wert 1904 für Eisenstahlwaren: 128.55 Mill. Doll.) entfallen auf Stahlschienen, Billets und Ingots, Draht, Façonstahl und Stahlblech. Die Stahlschienen gehen vorzugsweise nach dem Britischen Nordamerika und nach Ostasien.

Diesen vier Grundsäulen des Außenhandels schließen sich vier andere mit dem Werte bis 40 Mill. Doll. herab an. Die Mineralöle ergaben 67 Mill. Doll., davon waren zu drei Vierteln solche, die zur Beleuchtung dienen. Holz und Fabrikate daraus brachten es auf 58, Metalle ohne Gold und Silber auf 41, Tabak und Fabrikate daraus auf 40 Mill. Doll., davon sieben Achtel auf Blättertabak. Von den Metallen liefert das Kupfer nach Wert und Menge den größten Anteil: von 1903 auf 1904 stieg die Ausfuhr von 311 auf 550 Mill. Pfund, denen allerdings eine Einfuhr von 175 Mill. Pfund gegenüberstand.

Bis zu einem Ausfuhrbetrag von 10 Mill. Doll. herab sind der Reihe nach zu nennen lebende Tiere (38, davon Rinder 30), Baumwollfabrikate (32), Leder und Lederwaren (32), Ackerbaugeräte (21), Früchte und Nüsse (18), pflanzliche Öle (16, davon Baumwollsaatöl 14), Chemikalien, Drogen und Medizinen (14), Wagen verschiedener Art (11) und Saat (fast 10). Die Baumwollfabrikate versendet man hauptsächlich nach China, die Früchte, besonders die Äpfel vorzugsweise nach England, das im Fiskaljahre 1903/4 mehr als 3 Mill. Faß bezog.

Im Vergleich zu 1903 bietet das Jahr 1905 ein in manchen Stücken etwas geändertes Bild. Von der gesamten Ausfuhr heimischer Erzeugnisse im Werte von 1492 Mill. Doll. hat zwar die Baumwolle (381) nach wie vor den ersten Rang, davon gingen für 176 Mill. Doll. nach England und für 87 nach Deutschland, aber an zweiter Stelle erscheinen die tierischen Nahrungsmittel, wenn auch mit einem gegen 1903 etwas geminderten Betrage (170, davon 47 für Speck, 25 für gestreiften Speck, 22 für Schinken und 22 für frisches Rindfleisch), an dritter Stelle Eisen und Stahl sowie Fabrikate daraus mit der wesentlich erhöhten Summe von 135 Mill. Doll., davon 63 für Maschinen. Die Brotstoffe dagegen sind mit 107 Mill. Doll. an den vierten Platz gerückt. Wesentlich erhöhte Beträge zeigen Kupfer (80), Mineralöle (80) und Baumwollfabrikate (40), während sich Holz und die übrigen wichtigeren Gegenstände so ziemlich auf gleicher Stufe wie 1903 behauptet haben.

Die Einfuhr setzt sich aus fünf Hauptgruppen zusammen: Nahrungsmittel, Rohmaterialien für die Industrie, Halbfabrikate, Fertigfabrikate und Luxusartikel. Die fremden Erzeugnisse gehen teils frei in das Land ein, teils sind sie mit hohen Zöllen belastet. Die Jahre 1903 und 1904 lieferten nach Wert und Anteil die folgenden Ergebnisse:

	1903		1904	
	Mill. Doll.	%	Mill. Doll.	%
Nahrungsmittel	210.62	21.16	262.79	25.37
Rohmaterialien	319.15	32.06	343.41	33.15
Halbfabrikate	150.50	15.12	134.20	12.96
Ganzfabrikate	173.30	17.41	158.40	15.29
Luxusartikel	141.91	14.25	137.10	13.23

	1895	
	Mill. Dll.	%
Nahrungsmittel	264.63	24.34
Rohmaterialien	364.35	33.52
Halbfabrikate	144.39	13.28
Ganzfabrikate	167.46	15.40
Luxusartikel	146.27	13.46

Was das Verhältnis zwischen zollfreien und zollpflichtigen Waren anbelangt, so ist der erste Posten, die Nahrungsmittel, ungefähr halb und halb. Von den Rohmaterialien sind etwa vier Fünftel zollfrei, die Halbfabrikate wieder halb und halb, von den Ganzfabrikaten und von den Luxusartikeln ist nur der zehnte Teil zollfrei eingeführt.

Von den Einzelgegenständen und deren verwandten Gruppen stehen (1903) 7 mit einem Einfuhrwerte von mehr als 50 Mill. Doll. in erster Linie, nämlich Zucker (72 Mill. Doll.), Chemikalien (64), Kaffee (59), Häute und Felle (58), Eisen- und Stahlfabrikate (54), Baumwollwaren (52) und Rohseide (50). Eine Anzahl von Einzelgegenständen und Gruppen reichen bis 10 Mill. Doll., nämlich Fabrikate aus Pflanzenfasern (mit Ausnahme von Baumwolle) 39, Seidenwaren 36, Pflanzenfasern, namentlich Henequen und Istle aus Mexico 34, Juwelen und Juwelierwaren 33, Kautschuck und Guttapercha 31, feine Hölzer und Fabrikate daraus 21, Mandeln und Nüsse 24, Wolle 22, Kupfer und Fabrikate daraus 21, Tabak und Fabrikate daraus, namentlich aus Cuba 21, Wollwaren 20, Südfrüchte, bes. aus Italien 19, Tee 16, Pelze und Pelzwaren 15, Kohle und Koks 13, Öle 12, Baumwolle, vornehmlich aus Ägypten und Peru 12, Leder und Lederwaren 11 und Wein 10. Alle die genannten Posten machen zusammen eine Wertsumme von 838 Mill. Doll. oder gegen 85% der gesamten Einfuhr aus. In den Rest teilen sich eine Menge von Waren, die wir hier nicht einzeln aufzählen wollen.

Im Jahre 1905 zeigten die Einfuhrbeträge der wichtigsten und wichtigeren Einzelgegenstände teilweise ein geändertes Bild gegen 1903. Die Summen in Mill. Doll. waren für Zucker 98, Kaffe 85, Rohseide 61, Häute und Felle 65, Chemikalien 65, Kautschuk und Guttapercha 50, dagegen für Fabrikate aus Baumwolle 49 und für Fabrikate aus Eisen und Stahl nur 23 gegen gegen 54 im Jahre 1903.

Schon früher ist angedeutet worden, daß der Außenhandel noch nicht ganz selbständig ist, sondern zum großen Teile von fremden kaufmännischen Firmen und mit fremden Verkehrsmitteln besorgt wird. Statistisch läßt sich nur das letzte nachweisen. Aus einer offiziellen Liste, welche bis zum Jahre 1830 zurückreicht, geht hervor, daß in dieser Beziehung im Laufe der Zeit eine starke Verschlechterung eingetreten ist. Während nämlich im Jahre 1830 von der Einfuhr zur See 94% von amerikanischen Schiffen besorgt wurden, waren es 1901 nur 12% und 1903 fast 13%. Fast noch schlimmer sieht es mit der Ausfuhr zur See aus. Im Jahre 1830 wurden von dieser fast 87% von amerikanischen Schiffen befördert, im Jahre 1901 dagegen nur 6%, 1904 etwas mehr 7%. Diese Abhängigkeit der Union von Auslande machte sich namentlich seit dem Bürgerkriege geltend, hat aber seitdem immer größeren Umfang angenommen. Man begreift, daß dieser empfindliche Mangel der Volkswirtschaft von den leitenden Kreisen schmerzlich gefühlt wird; die bisher gemachten Versuche zu seiner Beseitigung sind freilich bislang fast erfolglos geblieben.

Über die wichtigsten Außenhandelsplätze: Boston, New York, Philadelphia, Baltimore und San Francisco liegt eine offizielle Statistik vor, welche den Zeitraum von 1856 an umfaßt. Danach gestalteten sich die Dinge zwischen dem Anfangs- und Endjahre wie folgt in Millionen Doll.:

	1856		
	Einfuhr	Ausfuhr	Zusammen
Boston	41.39	15.96	57.35
New York	194.52	78.94	273.46
Philadelphia	16.57	6.97	23.54
Baltimore	9.11	11.05	20.16
New Orleans	14.90	80.34	95.24
San Francisco	6.47	3.36	9.83

1905

	Einfuhr	Ausfuhr	Zusammen
Boston	100.32	87.80	188.12
New York	679.63	524.73	1204.36
Philadelphia	60.18	63.28	123.46
Baltimore	21.18	91.21	112.39
New Orleans	33.93	150.94	184.87
San Francisco........	46.67	49.92	96.89

zusammen 1856: 479.58.
„ 1905: 1909.79.

Demnach hat sich, nach dem Gesamtwerte beurteilt, der Handel bei San Francisco fast verachtfacht, bei Philadelphia fast versechsfacht, bei Baltimore reichlich verfünffacht, bei New York reichlich vervierfacht, bei Boston verdreifacht und bei New Orleans fast verdoppelt. Die ursprüngliche Reihenfolge der sechs Hauptauslandshandelsplätze nach dem Geldwert hat sich insofern geändert, als Boston, New Orleans jüngst überholt ist. Wenn im Jahre 1856 die Gesamtsumme der sechs Plätze rund 480 und 1905 1910 Mill. Doll. ausmachte, so hat sich der Betrag in diesem Zeitraume zwar beinahe vervierfacht, aber das Verhältnis zum Gesamtwerte des Handels der Union ist dasselbe geblieben, indem es in beiden Fällen 75 % ausmachte. Unsere kleine Tabelle oben zeigt auf das deutlichste die gewaltige Vormachtstellung New Yorks, denn seine Wertbewegung ist größer als die der übrigen zusammen genommen und zwar für 1856 um 36%, für 1905 um 63%. Von dem Gesamthandel des Staates bewältigte es 1856 44%, 1905 dagegen 46%. Nach wie vor überwiegt in New York die Einfuhr, wenn der Gegensatz zur Ausfuhr auch nicht mehr so groß ist wie früher. New Orleans, 1903 noch 10%, 1905 aber nur 7% des Außenhandels bewirkend, ist wie früher vorzugsweise Ausfuhrplatz, hauptsächlich für Baumwolle und zwar in gleichem Verhältnis. Bei Boston mit 7% des Außenhandels, das früher seine Stärke in der Einfuhr hatte, ist die Ausfuhr etwas mehr in den Vordergrund getreten. Philadelphia hat seine Stellung als überwiegender Ausfuhrplatz im wesentlichen bewahrt, während bei Baltimore die Ausfuhr viel raschere Fortschritte gemacht hat als die Einfuhr. Bei San Francisco zeigen beide Bewegungen die Neigung, sich nach und nach auszugleichen.

Die vorhandenen großen Handelsemporien sowie mehrere andere weniger bedeutende Küstenplätze sind es nun, welche die fremden Waren in das Land bringen und darüber verbreiten. Dies geschieht durch den Binnenhandel, der außerdem die eigenen Erzeugnisse des Staates, soweit sie nicht ausgeführt und am Orte ihrer Entstehung verbraucht werden, in Bewegung setzt und schließlich in die Hände der Verbraucher bringt. Die jährliche Wertbewegung des Binnenhandels ist von gewaltiger Größe. Die Summen, um die es sich dabei handelt, lassen sich statistisch nicht genau festlegen. Einigermaßen könnte man dadurch eine Vorstellung davon gewinnen, wenn man von den Wertsummen der Eigenproduktion die Ausfuhrbeträge abrechnete und die Einfuhrbeträge dazu zählte. Aber auch dann würde die Gesamtsumme unvollständig sein, weil sie nur die mobilen Werte enthält und die riesigen Umsätze in Immobilien ausschlösse. Sodann würde sie nur die Großhandels- und Produktionswerte enthalten, nicht aber diejenigen Werte, welche dadurch entstehen, daß die Waren bei der Wanderung durch viele Hände eine entsprechende, häufig willkürliche Preissteigerung erfahren.

Die Formen des Handels, namentlich auch des Binnenhandels, sind in der Union im wesentlichen dieselben wie in der Alten Welt, nur wird dort von gewissen Hilfsmitteln ein besonders starker Gebrauch gemacht. Dazu gehören hauptsächlich die Reklame und die Warenhäuser.

Für den Handel spielt das Geld- und Bankwesen wohl nirgends eine entscheidendere Rolle als in der Union. Im Jahre 1905 betrug die Gesamtsumme der in Zirkulation befindlichen Geldwerte rund 2588 Mill. Doll. (oder 10 870 Mill. Mk.), davon entfielen 651 auf Goldmünzen, 175 auf Silbermünzen, 485 auf Goldzertifikate, 332 auf Staatsbanknoten (Greenbacks) und 480 auf Nationalbanknoten. Zwischen den verschiedenen Teilen des Staates besteht der Unterschied, daß im Osten vorzugsweise Banknoten, im Westen hauptsächlich Gold- und Silbermünzen, selbst bei Zahlungen von hohen Summen, benutzt werden. Es gibt 5668 Nationalbanken mit einem eingezahlten Kapital von 792 Mill. Doll. und einem Umsatz von 140 502 Mill. Doll. = 590 Milliarden Mk.; von letzterer Summe entfallen reichlich zwei Drittel (91 879 Mill. Doll.) auf die Bank clearings in New York City, als dem Hauptbankplatz der Union und nächst London dem bedeutendsten der Erde. Die Gesamtsumme der in den verschiedenen Geldinstituten niedergelegten Werte belief sich 1905 auf 11 351 Mill. Doll. (= 47 664 Mill. Mk.); davon entfielen 3784 auf die Nationalbanken, 3093 auf Sparkassen (bei 7 596 229 Einlegern), 2365 auf Staatsbanken, 1981 auf Leihetrustbanken und 128 auf Privatbanken.

Daß sich die Zentralregierung die Förderung des Handels, besonders des mit dem Auslande angelegen sein läßt, ist schon früher erwähnt worden. Ein Konsularnetz ist über die ganze

Erde gespannt. Neuerdings sind auch Handelsattachés oder Spezialagenten eingerichtet worden, deren Aufgabe darin besteht, die verschiedenen Länder der Erde zu besuchen, die geschäftlichen und industriellen Verhältnisse daselbst zu studieren, auch die dortigen Konsulate zu beaufsichtigen usw. Gemäß der Botschaften des Präsidenten Roosevelt an den Kongreß sollen zunächst sechs solcher Spezialagenten ernannt werden. Einer soll Deutschland, Österreich, die Balkanstaaten, die Schweiz, Rußland und andere Länder Nordeuropas bereisen, der zweite Frankreich und die Mittelmeerländer; der dritte Großbritannien und seine Kolonien, der vierte Mexico, Zentralamerika, Westindien und Süd-Amerika, der fünfte Asien, besonders das asiatische Rußland, China und Japan, während sich der sechste für Spezialdienst und besondere Missionen nach irgend einem Teile der Welt bereit hält.

Seit dem Jahre 1903 besteht auch ein Handelsministerium, Department of Commerce and Labor, das durch die ursprüngliche Bundesorganisation nicht vorgesehen war und nun gewissermaßen eine Ergänzung zum Ackerbauministerium bildet. Es hat die Aufgabe, die Entwicklung von Handel, Industrie, Bergbau, Schiffahrt, Fischerei, Transportwesen und Arbeiterschutz zu fördern. Demgemäß sind ihm folgende Dienstzweige unterstellt, die früher andern Ministerien zugeteilt waren: Errichtung und Verwaltung der Leuchttürme, Schiffsdepartement, Inspektion der Dampfschiffe, Maß- und Gewichtswesen, geodätischer Küstendienst, Kontrolle der Einwanderung, statistisches Bureau, Zensusbureau, Arbeitsamt, Fischereiwesen, die Abteilung für Außenhandel und das Manufakturbureau. Letzteres hat die Aufgabe, zum Nutzen der Volkswirtschaft Berichte aller Art über den inländischen Markt und die auswärtigen Absatzgebiete zu veröffentlichen. Das nötige Material dazu erhält es zum großen Teile von den Konsularbeamten, mit denen es unter Vermittelung des Auswärtigen Amtes in Verbindung steht. Ein eigenes Bureau of Corporations hat für die Regierung und den Kongreß Informationen über die Trusts zu sammeln; daher hat es das Recht, Enqueten zu veranstalten und Zeugen zu verhören. Zu den wichtigsten Veröffentlichungen des neuen Handelsministeriums gehört der jährlich erscheinende Statistical Abstract of the United States, der die meisten Zweige der amerikanischen Volkswirtschaft behandelt.

IX.

Das Verkehrswesen.

Ein Land von der Größe und der Eigenart der Union konnte sich als Staat wie als Wirtschaftseinheit in so staunenswerter Weise nur unter der Voraussetzung entwickeln, daß die dazu nötigen Verkehrsanlagen geschaffen wurden. Und das ist geschehen, denn tatsächlich gehören die Leistungen auf dem Gebiete des Verkehrswesens zu den großartigsten Unternehmungen nicht nur der Vereinigten Staaten, sondern aller Zeiten und Völker, soweit der Binnenverkehr in Betracht kommt.

Da es bald nach Gründung des Bundesstaates darauf ankam, ungeheure Räume zu beherrschen, konnte man sich nicht damit aufhalten, ein sorgsames Netz gut gebauter Landstraßen anzulegen, die trotz außerordentlicher Kosten, auch für die Reparaturen, doch den Zweck nicht erfüllt hätten, sondern man mußte zunächst die natürlichen Wasserwege benutzen und wo diese nicht ausreichten, künstliche Kanalverbindungen schaffen. Als dann die Eisenbahn und die anderen neuzeitlichen Verkehrsmittel aufkamen, bediente man sich ihrer in dem denkbar ausgiebigsten Maße.

So ist denn die Landstraße bis auf den heutigen Tag der wunde Punkt in dem amerikanischen Verkehrswesen geblieben. Wir finden sie in unmittelbarer Nähe der großen Siedelungen, aber in einiger Entfernung davon ist nichts mehr davon zu sehen, und es gibt, abgesehen von einigen wenigen rühmlichen Ausnahmen, nur noch rohe Planierungen oder bloße Wegerichtungen. Wo aber Landstraßen von der Güte altweltlicher Chausseen bestehen, bedürfen sie, infolge der zerstörenden Wirkungen des amerikanischen Klimas, alljährlich kostspieliger Ausbesserungen. Immerhin muß gesagt werden, daß namentlich im Osten von Jahr zu Jahr mehr und mehr geschieht, wenn sich auch die Regierungen der Einzelstaaten noch vorsichtig davon zurückhalten und die Sache dem privaten Unternehmungsgeiste überlassen.

Die erste Hälfte des vorigen Jahrhunderts bis zu dem Bürgerkriege war die goldene Zeit der Flußschiffahrt und der Kanalbauten. Nirgends auf der Welt hat der Flußverkehr eine solche Blüte und Bedeutung gehabt wie um 1850 in der Union. Große Massen von Gütern wurden befördert, und wahre Paläste mit den elegantesten Einrichtungen für Personenbeförderung schwammen auf den großen Flüssen wie längs der Küsten. Frühzeitig begann man mit dem Bau von Kanälen; um natürliche Wasserstraßen zu verbinden oder Stromhindernisse zu umgehen. Die ersten Kanäle legte man an seit 1793 an den Hadleyfällen und an den Turnerfällen des Connecticut, 1794 die Verbindung zwischen Boston und Lowell, 1797 an den Katarakten des Mohawk zum Ontario See. Zu den wichtigsten gehören der Eriekanal 1817—25, der Hudson-Champlainkanal 1822 und der Potomac-Ohiokanal von Georgtown bis Cumberland, dessen Fortsetzung bis Pittsburgh wegen der unterdes zu Bedeutung gelangten Eisenbahnen unterblieb. Aus dem gleichen Grunde wurde der James-River-Ohiokanal von Richmond aus nur bis Buchanan ausgeführt. In Pennsylvanien baute man seit 1816 Kanäle von dem Schuylkill (bei Reading) zum Susquehanna (bei Middleton), längs des Susquehanna und des Juniata bis Lock Haven und Petersburg, an Delaware von Philadelphia bis Easton, im Lehightale (1862 durch Überschwemmung zerstört), am Monongahela und Alleghany bis zum Eriesee, aber auch hier gelang es nicht, die Alleghanies zu überschreiten und eine Wasserverbindung mit dem Ohio herzustellen. Dagegen glückte die Verknüpfung des Ohio mit den Großen Seen. 1835 baute man den Ohio-Clevelandkanal von Portsmouth an, 1835 den Miamikanal von Cincinnati nach Toledo, den Wabash-Eriekanal zwischen Evansville und Toledo sowie den Seitenkanal bei Louisville. Ferner gelang die Verbindung des Mississippi mit den Großen Seen durch den Illinois-Michigankanal 1848 zwischen Lasalle und Chicago. Bald darauf begann man auch die Verbindungsstücke zwischen den Großen Seen für eine regelmäßige Benutzung brauchbar zu machen und jene großartige Inlandwasserstraße auszubauen, die, gleich wichtig für die Union wie für Canada, auf Erden ohnegleichen dasteht. Wir kommen darauf noch einmal zurück. Sonstige nennenswerte Kanäle sind der Morriskanal, zwischen dem Hudson bei New Jersey und dem Delaware bei Easton, der Delaware- und Raritankanal, zwischen dem Delaware unterhalb Trenton und New Brunswick, der Merrimackanal in Massachusetts, der Muscle-Shoalskanal in Alabama (1889), der Willamettekanal (1873) und der Columbia-Kaskadenkanal (1884) in Oregon. Die Gesamtlänge der Kanäle beträgt 7190 km, aber tatsächlich werden kaum 4000 km benutzt, teils wegen der übermächtigen Eisenbahnen, teils weil die älteren Anlagen den neuzeitlichen Ansprüchen in Hinsicht auf Breite, Tiefe und Erhaltungszustand nicht mehr genügen. Der berühmte Eriekanal, der den Hudson (New York City) mittels des Mohawktales mit dem Eriesee verbindet und 563 km lang ist, soll künftig erweitert werden.

Während die Ära der Kanäle und der Flüsse im allgemeinen abgeschlossen ist, befindet sich die Wasserstraße der Großen Seen noch in der Zeit des Aufschwungs und ist jedenfalls noch einer weiteren glänzenden Entwicklung fähig. Ursprünglich litt sie an vier schweren Mängeln. Der erste, bestehend in den Stromschnellen des Sault St. Marie zwischen dem Oberen und dem Huron See, wurde in neuerer Zeit durch die Anlegung von drei Schleusenkanälen beseitigt. Zwei davon, die Weitzelschleuse 1870—81 und die Poeschleuse 1887—1896, wurden von der Union, die dritte auf Kosten des kanadischen Bundes 1888-1895 angelegt und der St. Mary Fluß für Benutzung größerer Fahrzeuge brauchbar gemacht. Der Verkehr durch diese Anlagen belief sich im Jahre 1902 auf 22 659 Schiffe, welche insgesamt 55 175 Reisende und fast 36 Mill. Lasttonnen befördert, beinahe das Doppelte des Suezkanals. Der zweite Mangel bezog sich auf den St. Claire See, den St. Claire Fluß und den Detroit River, welche den Huron mit Erie See verknüpfen, aber wegen zu geringer Tiefe ursprünglich nur für kleine Fahrzeuge benutzbar waren. Durch Austiefung sind diese Gewässer völlig brauchbar geworden für den ungeheuren Schiffsverkehr, der sich weit über 50 Mill. Lasttonnen hinaushebt. Der dritte Mangel, der übrigens weniger für die Union als für Kanada in Betracht kommt, ist zwar schon vor 80 Jahren durch Anlage des Wellandkanals im Prinzipe beseitigt worden, aber zur wirklichen Bedeutung hat sich diese Wasserstraße nicht entfaltet. Der vierte Mangel der Seenstraße endlich kann wohl nie ganz beseitigt werden, denn sie besteht in dem Zufrieren der Seen und ihrer Verbindungswässer. Bei dem St. Marys Fluß z. B. dauert die Schiffahrt durchschnittlich nur 218 Tage, denn sie ruht vom 2. Dezember bis zum 27. April. Bei dem St. Claire Fluß ruht sie im Mittel 110 Tage (19. Dezember bis 10. April).

Während die Verbindungsgewässer zwischen den Großen Seen im allgemeinen eine endgültige Form erhalten haben, ist man noch immer damit beschäftigt, die Hafenverhältnisse an den Großen Seen selbst zu verbessern. Verhältnismäßig am besten ist der Obere See mit Naturhäfen versehen, aber es haben sich doch zwei Klassen von Verbesserungen nötig erwiesen. Bei der ersten Klasse — Buchten mit im allgemeinen tiefen Wasser, welche weite Öffnungen nach dem See zu haben — sind Wellenbrecher angebracht worden, um die natürlichen Öffnungen teilweise zu verschließen und den erforderlichen Schutz zu schaffen, so bei Marquette Mich., Agate Bay oder Two Harbors Minn. und Grand Marais Minn. Die zweite Klasse verbesserter Häfen hat an den Eingängen Paralleldämme erhalten, die sich von der Küste aus durch eine Barre von Kies oder Sand bis zu der erforderlichen Wassertiefe erstrecken. Der Zweck dieser Anlagen besteht darin, die Strömungen auf eine bestimmte Breite zu beschränken, damit sie den Kanal auswaschen und die erforderliche Tiefe aufrecht erhalten oder damit sie verhindern, daß der Kanal durch Treibsand ausgefüllt wird. Zu dieser Klasse gehört der Haupthafen des Oberen Sees Duluth mit Superior, der einen gewaltigen Verkehr in Eisenerz, Holz, Mehl, Eisenwaren usw. hat.

Bei dem E r i e - S e e konzentriert sich beinahe der ganze Verkehr an der Mündung des Detroit River und verbreitet sich von da aus fächerförmig oder läuft dahin strahlenförmig zusammen. Man benutzt hauptsächlich die Durchgangsstelle zwischen Point Pelee und Pelee Island. Ursprünglich war keiner der Eriehäfen zur Aufnahme größerer Schiffe geeignet; sie waren zu seicht und an den Eingängen von veränderlicher Tiefe. Mit wenigen Ausnahmen hat der Erie-See Flußhäfen. Die betreffenden Flüsse waren an und für sich tief genug, aber sie hatten an ihren Mündungen Barren und wurden durch Stürme gelegentlich ganz verstopft. Zur Zeit des Hochwassers brachen sich die Flüsse tiefere Rinnen durch die Barren, aber diese Rinnen waren unbeständig nach Form und Tiefe. Die ersten Verbesserungen bestanden in langen Paralleldämmen, durch die die Ufer der Flüsse gewissermaßen verlängert wurden, um die Strömung zu kräftigen und sie zu befähigen, die Sinkstoffe weiter hinaus in den See zu führen. Dieses würde genügt haben, wenn nicht durch die Stürme und durch die Gegenwirkung der Flüsse an den Enden und Seiten der Leitdämme Schlammanhäufungen entstanden wären und noch entständen. Infolgedessen muß beständig gebaggert und an den wichtigeren Häfen mußten Wellenbrecher angelegt werden. Nur bei Toledo fehlen sie. Da der Niagara - Fluß wegen seiner Stromschnellen für Hafenzwecke ungeeignet ist, so wurde der kleine Buffalo-Fluß mit großen Kosten ausgebaggert und mit entsprechenden Anlagen versehen. Weniger ausgedehnt sind diese in Cleveland, im Ausbau begriffen sind sie in Fairport, Ashtabula und Conneaut.

Auf dem O n t a r i o -See ist der Verkehr seitens der Union beschränkt auf Kohle (von Charlotte, Sodus Bay und Oswego nach den kanadischen Häfen · und nach dem St. Lorenzstrom) Getreide, Holz und auf Vergnügungsfahrten. Die Häfen werden von Zeit zu Zeit ausgebaggert und haben Leitdämme, teilweise auch Wellenbrecher. Der stärkste der letzteren besteht seit 1900 (214 m lang) bei Kap St. Vincent, um bei den in dieser Gegend häufigen Stürmen den Schiffen Schutz zu gewähren.

Bei dem Michigan-See, der ganz in den Vereinigten Staaten liegt, hat man die Ostseite und die Westseite zu unterscheiden. Die Ostküste besteht im allgemeinen aus feinem Sande. Große Mengen davon werden bei starken Küstenwinden und Stürmen in Bewegung gesetzt. Als Häfen benutzte man früher die Mündungen von Bächen und kleinen Flüssen oder die Ausflüsse von Küstenseen. Bei vielen derselben war die genügende Tiefe für größere Schiffe vorhanden, aber die Eingänge waren durch ausgedehnte Barren verbaut. Die Verbesserungen seitens der Zentralregierung begannen 1836 zu Michigan City und St. Joseph. 1866 und 1867 wurden solche auch an anderen Punkten vorgenommen, wo es hauptsächlich darauf ankam, durch geeignete Vorrichtungen die Barren zu beseitigen. Aber aus ähnlichen Gründen wie beim Erie-See war damit keine volle Abhilfe geschaffen, vielmehr muß beständig gebaggert werden. Bis zu einer Wassertiefe von $5^{1}/_{2}$ m sind jetzt einige Häfen gebracht wie Portage Lake, Grand Haven und Michigan City. Harbor Springs ist ein guter Naturhafen an der Little Traverse Bay. An der Westküste des Michigan-Sees liegen die Häfen im allgemeinen an den Mündungen der meist unbedeutenden Flüsse; ihre Verbesserungen bestehen in zwei Parallelpiers, die sich in den See erstrecken und einen ausgebaggerten Kanal beschützen. Bei allen wichtigeren Häfen ist die Tiefe bis auf 6 m gebracht, aber Baggerung muß jährlich oder in größeren Zwischenräumen geschehen, bei Milwaukee alle drei vier Jahre.

Bei dem Michigan-See ist auch die Winterschiffahrt wichtig und in Zunahme begriffen. Gegenwärtig gibt es eine ganze Reihe regelmäßiger Winterlinien von Dampfern. Vier gehen von Milwaukee aus, nämlich nach Racine und Chicago, nach Grand Haven, nach Sturgeon Bay Canal und nach Ludington. Ferner bestehen solche zwischen Manitowoc und Ludington, zwischen Manitowoc, Kewaunee und Frankfort, zwischen Frankfort und Manistique, endlich zwischen Northport und Manistique. Man hat auch versucht, eine Linie von Frankfort nach Menominee via Sturgeon Bay Canal oder Deaths Door einzurichten, hat aber bisher noch keinen Erfolg gehabt.

Im Anschluß an das Vorige sei bemerkt, daß die gesamte Handelsflotte der Vereinigten Staaten im Jahre 1905 aus 24 681 Fahrzeugen mit 6.45 Mill. Tonnen bestand und somit die zweitgrößte der Handelsflotten der Erde ist. Von den genannten Summen waren 15 784 Segelschiffe mit 2.71 Mill. T. oder 42% der ganzen Flotte und 8897 Dampfer mit 3.74 Mill. Tonnen oder 58%. Somit hat die Union einen verhältnismäßig hohen Anteil an Seglern im Vergleich zu den großen Seemächten,

denn in Großbritannien machen sie kaum 20%, im Deutschen
Reiche nicht mehr als ein Drittel der Gesamtflotte aus. Vor
dreißig Jahren zählte die Handelsmarine der Union 32 285 Fahrzeuge mit 4.85 Mill. T. Im Laufe der Zeit sind also die Schiffe,
wie übrigens auch anderwärts, größer geworden; das Mittel ist
von rund 150 auf 250 Tonnen gestiegen. In dem Zeitraume von
1875/1905 hat sich die Handelsflotte etwa um ein Drittel ihres
Bestandes von 1875 vermehrt, was im Vergleich zu der sonstigen
Entwickelung der amerikanischen Volkswirtschaft als ein recht
niedriger Satz bezeichnet werden muß. Das Verhältnis zwischen
Seglern und Dampfern hat sich aber auch hier zu ungunsten der
ersteren umgeändert, denn diese waren 1875 noch mit 76% vertreten; es waren damals 28 050 Fahrzeuge mit 3.68 Mill. T.
vorhanden, während die Zahl der Dampfer 4235 mit 1.17 Mill. T.
betrug. Das Jahresmittel des Zuwachses der Flotte beträgt für
die letzten 30 Jahre 53 000 Tonnen, die Neubauten der letzten
Jahre schwanken um 400 000 herum, 1903 waren es 436 152,
1905 aber nur 330 316 Tonnen. Davon entfielen 197 702 auf
Dampfer, 79 418 auf Segler und der Rest auf Kanalschiffe und
Frachtkähne. Von den Neubauten entstanden 1905 fast sieben
Zehntel an der Seeküste, namentlich in der Neu England Staaten,
der Rest an den Großen Seen. Der Schiffsbau am Mississippi
und seinen größeren Nebenflüssen ist gegen früher belanglos geworden. Hinsichtlich der Beheimatung der Handelsflotte steht die
Atlantische Küste in erster Linie, denn sie besitzt (1905) mit der
Golfküste 3.40 Mill. T. oder 53 % der Flotte; 2.06 Mill. T.
oder 31% entfallen auf die Großen Seen, 820 000 T. oder 13%
auf die pazifische Küste und 170 000 T. oder 3% auf die westlichen Flüsse. Vergleicht man diese Verteilung mit der vom
Jahre 1885 so sind prozentuell die Atlantische mit der Golfküste und die westlichen Flüsse zurückgegangen, während die
beiden anderen Gebiete entsprechend emporgekommen sind.
Damals verkehrten auf den Großen Seen nur 750 000 Tonnen
Schiffe.

Von der gesamten Handelsflotte dient kaum der sechste
Teil dem auswärtigen Handel, der, wie wir früher gesehen
haben, überwiegend von fremden Schiffen besorgt wird. Die
große Masse der amerikanischen Fahrzeuge beschäftigt sich mit
Küstenfahrt oder der Befahrung der Großen Seen und der Flüsse,
zusammen 1905 5.44 Mill. oder 84 % der Handelsflotte; dem
Walfang und der Hochseefischerei auf Dorsch und Makrelen dienen
insgesamt gegen 70 000 Tonnen. Die recht ungünstige Lage
der Hochseeschiffahrt ist teilweise eine Folge des Bürgerkrieges;
vor diesem waren noch 44% der Flotte damit beschäftigt; teil-

weise ist sie aber auch durch die energischen und erfolgreichen Bemühungen der europäischen Seemächte herbeigeführt worden, welche den Schiffbau aus Eisen und Stahl zu seiner heutigen Blüte brachten, während die Amerikaner noch lange am Holzbau festhielten. Die neueren Versuche, durch staatliche Subventionen und durch Trustbildung die Hochseeschiffahrt in Einklang mit der übrigen wirtschaftlichen Entwicklung zu bringen, haben bisher noch keinen nennenswerten Erfolg gehabt, werden aber zweifellos mit denselben oder anderen Mitteln erneuert werden.

Zur Zeit hat die Union keine einzige Schiffsgesellschaft, die sich auch nur im entfernten mit den großen Unternehmungen Deutschlands oder Großbritanniens vergleichen ließe. Die verhältnismäßig ansehnlichsten Gesellschaften sind die American Linie, 8 Dampfer mit 75 000 T., mit zwei Linien: von Philadelphia nach Liverpool und von New York nach Southampton; die Ward Linie, 22 Dampfer mit 64 000 Tonnen und Linien nach Westindien; die Pacific Mail Steamship Co., 16 Dampfer mit 60 000 T.; sie hat Linien nach Ostasien und den Philippinen. Kleiner sind die Oceanic Steamship Co. von San Francisco nach Australien, die American - Hawaiian S. S. Co., die Atlantic und Carribean Steam Nav. Co., die Pacific Coast Steamship Co. u. a. Hauptausgangspunkte dieser und anderer regelmäßigen Linie sind New York, Philadelphia, Baltimore, San Francisco und Seattle.

Die Gesamtbewegung der Tonnenzahl in den Häfen der Union betrug, eingehend und ausgehend, 1880 30.49 Mill. T., 1905 49.81 Mill. T., was einer Steigerung von $2^{1}/_{2}\%$ im Jahresdurchschnitt entspricht. Von der Gesamtzahl entfielen 24.79 auf eingehende und 25.02 Mill. T. auf ausgehende Schiffe. Von den eingehenden kamen 4.12 Mill. oder 16%, von den ausgehenden 4.25 oder 17% auf die amerikanische, die Hauptmasse also auf auswärtige Schiffe. Im Vergleich zu 1880 zeigt sich ein Niedergang der amerikanischen Hochseeschiffahrt, denn damals war sie mit 20% an der ganzen Schiffsbewegung beteiligt, aber der tiefste Punkt, der 1903 mit nur 15% stattfand, scheint nach den Ergebnissen des Jahres 1905 überwunden zu sein.

Unter den auswärtigen Verkehrsländern steht Großbritannien weitaus an erster Stelle, denn im Jahre 1905 war es mit 12.61 Mill. T. oder einem reichlichen Viertel der gesamten Schiffsbewegung vertreten. In zweiter Linie folgen drei Länder mit annähernd gleichen Beträgen, nämlich das Deutsche Reich 4.72, fast 10%, der Kanadische Bund 5.48 und Cuba 4.17. In dritter Reihe sind das Britische Westindien 2.13, Italien 2.10, Zentral-Amerika 1.80, die Niederlande 1.73, Belgien 1.65, Mexico 1.42 und Frankreich 1.36 zu nennen. Von den übrigen Verkehrsländern erreicht keins den Betrag von 1 Mill. T.; am nächsten kommen dieser Zahl China 0.81, das Britische Australien 0.71, Spanien 0.74, Brasilien 0.69 und Japan 0.68. So sehr nun auch Großbritannien, namentlich wenn man seine Außenbesitzungen mitrechnet, alle übrigen Länder übertrifft, so zeigt doch der Blick auf die nächstliegende Vergangenheit, daß es, wie auch im Handel, sowohl absolut wie relativ, auf dem Rückzuge begriffen ist; denn 1880 hatte es 13.38 Mill. T. oder 44% und 1903 14.70 Mill. T. oder 30%. Das Deutsche Reich dagegen schreitet langsam vorwärts, denn 1880 war es mit 2.15 Mill. T. oder 7%, 1905 mit fast 10% vertreten, wenn es auch hinter dem Ergebnis des Jahres 1903 (4.98 Mill. T.) etwas zurückgeblieben ist. Unter den Verkehrsländern, welche sich außerdem in aufsteigender Linie befinden sind Cuba, der kanadische Bund, Italien und China hervorzuheben, während beispielsweise bei den Niederlanden, bei Belgien und Frankreich, namentlich aber bei Columbia der entgegengesetzte Fall vorliegt.

Was die Beheimatung der in den amerikanischen Häfen verkehrenden Schiffe anbelangt, so entfielen, nach der Tonnenzahl beurteilt, 8.38 Mill. T. oder 17% auf heimische, der große Rest auf fremde Fahrzeuge, in erster Linie auf britische, welche 25.12 Mill. T. oder 50 % der gesamten Schiffsbewegung ausmachte. Deutsche Schiffe erscheinen mit 5.96 Mill. T. oder 12%, skandinavische (Norwegen und Schweden) mit 3.69 Mill. T. oder 7%, holländische mit 1.25, französische mit 1.18 und italienische mit 1.09 Mill. T. oder mit je 2%. Gegen 1880 zeigt Großbritannien prozentuell einen Rückgang, von 53 auf 50%, Deutschland dagegen hat einen erfreulichen Fortschritt von 7 auf 12 % aufzuweisen.

Unter den Seehäfen der Vereinigten Staaten hat, nach dem Stande der Schiffsbewegung des Jahres 1905, New York weitaus den Vorrang mit 18.94 Mill. T. oder 38%. In zweiter Reihe folgen Boston 4.68 M. T. oder 9% New Orleans 3.77 M. T. oder 7% und Philadelphia 3.65 M. T. oder 7%, in dritter Puget Sound Wash. 2.48 M. T. oder 5%, Baltimore 2.47 M. T. oder 5%, Galveston 1.96 Mill. T. oder knapp 4% und San Francisco 1.82 M. T. oder knapp 4%, außerdem noch Mobile 1.21 M. T. oder reichlich 2%. Hinter diesen bleiben Häfen wie Pensacola, Portland Me, Pearl River Miß, Passamaquoddy Me, Norfolk, Savannah, Brunswick Ga, Charleston u. a. mehr oder weniger weit zurück. Im Vergleich zu 1880 zeigt New York, so übermächtig es sonst ist, prozentuell einen deutlichen Rückgang von 50 auf 38%. Zu den sinkenden Größen gehören beispielsweise, prozentuell genommen, Philadelphia, Portland Me,

143

San Francisco, Baltimore und vor allem Charleston, zu den steigenden dagegen Boston, Pensacola, Mobile, New Orleans und besonders Galveston und Puget Sound Wash., das jetzt höher steht als San Francisco.

Von der gewaltigen Bedeutung des Eisenbahnwesens nicht nur im wirtschaftlichen, sondern auch im staatlichen und kulturellen Leben der Vereinigten Staaten ist früher, s. S. 36, das Notwendige gesagt worden, so daß wir uns hier auf das Tatsächliche beschränken können. Der Bau der Eisenbahnen begann im Jahre 1830, nachdem Horation Allen eine Lokomotive aus England eingeführt hatte. Der zahlenmäßige Fortschritt gestaltet sich von Jahrzehnt zu Jahrzehnt, nach Poors Railroad Manual, in folgender Weise. Es gab in Miles (1.6 km)

1832 :	229	1860 :	30 626	1890 :	166 703
1840 :	2818	1870 :	52 922	1900 :	194 262
1850 :	9021	1880 :	93 267	1904 :	212 349 = 339 758 km

Die ersten Linien waren die von Baltimore und Ohio und die von Charleston nach Augusta in Süd-Carolina. Zunächst galt es die Lücken zwischen den großen Wasserwegen auszufüllen. Die zweite große Aufgabe, die der Verbindung der atlantischen mit der pazifischen Küste, tauchte zwar schon in den 1850er Jahren auf, wo man sie durch die bekannte Fremontsche Expedition untersuchen ließ, aber wegen der Regelung der schwierigen Landverhältnisse begann man mit dem Bau erst im Jahre 1863. Die erste Überlandbahn: die Union und Zentralpazificbahn, wurde 1869 vollendet, die zweite: die Südpazifik 1881, die dritte: die Nordpazifik 1883 und die vierte: die Atlantik und Pazifik 1889. Damit waren die Grundzüge des Hauptnetzes gelegt, und die Folgezeit hat an seinem weiteren Ausbau rüstig weiter gearbeitet und in Zukunft wird man das Fehlende ergänzen. Jährlich kommen nach dem Durchschnitt von 1890/1904 etwa 5000 km hinzu.

Nach dem Stande von 1904 gab es 48 658 Lokomotiven und 1 770 884 Wagen, davon 31 034 für Personen, 10 947 für Post und Reisegepäck und 1 728 903 für Frachtbeförderung. Das Anlagekapital einschließlich der Verschuldung belief sich · auf 14 095 Mill. Doll. oder rund 59 Milliarden Mark. Das Kilometer kostete durchschnittlich 165 295 Mk. Die Bruttoerträge des Jahres 1904 betrugen 8307, die Reinerträge 2674 Mill. Mk. Die Zahl der beförderten Personen erreichte die außerordentliche Summe von 720 Mill., die der bewegten Güter stieg auf 1275 Mill. Tonnen.

Die Verteilung der Eisenbahnen nach Staaten ist in absolutem wie in relativem Sinne sehr ungleich, denn Texas, das nach absoluter Zahl voransteht, hat fast 12 000, Nevada kaum 1000 Miles Schienen aufzuweisen. Die dreißig Staaten, welche über 3000 Miles besitzen, sind in der folgenden Tabelle zusammengestellt:

	miles		miles
Texas	11 848	Colorado	4 976
Illinois.............	11 623	Alabama...........	4 669
Pennsylvanien........	11 023	Arkansas...........	4 126
Jowa	9 859	Nord Carolina	4 075
Ohio..............	9 197	Virginia....	3 932
Kansas	8 811	Louisiana	3 898
Michigan..........	8 660	Florida .	3 556
New York	8 297	Mississippi	3 480
Minnesota	7 811	Tennessee..........	3 480
Missouri	7 711	Washington........	3 355
Wisconsin	7 048	Montana	3 253
Indiana	6 918	Kentucky	3 267
Georgia..........	6 304	Norddacota	3 190
Kalifornien	6 262	Süd Carolina........	3 175
Nebraska	5 820	Süddacota	3 047

Wesentlich anders gestalten sich die Dinge bei der relativen Verteilung, etwa wenn man fragt, wie viel Eisenbahnlänge auf einen bestimmten Landesraum fällt. Nach den Feststellungen für das Jahr 1904 entfielen auf 100 square miles des Gesamtstaates 7.2 miles Eisenbahnen; das macht auf 1000 qkm 42 km, gegen 102 im Deutschen Reiche. Die stärkste Verdichtung zeigt das Netz in New Jersey mit 30.27 miles auf 100 square miles oder 148 km auf 1000 qkm; das europäische Maximum besitzt Belgien mit 231 km auf 1000 qkm. Die geringste Verdichtung findet sich im Staate Nevada mit 0.90 miles auf 100 square miles oder 5 km auf 1000 qkm. Von den Staaten mit stärkerer Verdichtung d. h. über 15 miles auf 100 square miles oder 70 km (wie in Österreich) auf 1000 qkm, seien die folgenden nach amerikanischer Feststellung genannt:

	miles		miles
New Jersey	30.27	Rhode Island	20.12
Massachusetts	26.35	Indiana	19.26
Pennsylvanien	24.50	Jowa	17.77
Ohio	22.50	New York	17.42
Connecticut	21.01	Delaware	17.14
Illinois	20.75	Michigan	15.08

Diese Staaten sind teils durch Industrie und Außenverkehr bevorzugt, teils bezeichnen sie die große Heerstraße des Menschenzuges nach dem Westen. Daß gerade New Jersey an der Spitze der Verdichtung steht, erklärt sich aus dem Umstande, daß in Orten wie Hoboken und Jersey City die großen Bahnhöfe liegen, die eigentlich nach New York City gehören und von dort aus die große Menge ihrer Reisenden und Frachtgüter erhalten, weil die Empire City auf einer Insel liegt und daher nur einen einzigen großen Bahnhof für den Fernverkehr in der Richtung des Hudsontales aufzuweisen hat. Die Pennsylvaniagesellschaft hat wohl Anstalten gemacht, einen Zentralbahnhof für ihr System in New York City anzulegen, aber die Verwirklichung dieses äußerst schwierigen und ungemein kostspieligen Projekts scheint noch in weiter Ferne zu liegen.

Die Eisenbahnen der Union sind bekanntlich sämtlich Unternehmungen von Privatpersonen oder von Gesellschaften, die sich die Einmischung des Staates anfangs vollständig vom Halse hielten, später aber zu einigen, nicht sehr belangreichen Zugeständnissen herbeiließen. Zwischen den verschiedenen wettbewerbenden Linien, welche nicht selten einander parallel laufen, herrschte eine zeitlang ein wilder Kampf, der aber neuerdings aufgehört hat, weil sich auch hier der Zusammenschluß zu großen Verbänden vollzogen hat. Die sechs größten Gruppen, welche reichlich die Hälfte des gesamten Netzes ausmachen sind:

Vanderbilt mit 36 800, das Hillsystem mit 33 600, Gould mit 32 000, die Pennsylvania-Gesellschaft mit 30 400, Harriman mit 25 600 und das Rock Island System mit 25 600 km.

Die Errichtung der großen Überlandlinien wurde durch den Staat mittels ausgedehnter Landbewilligung, im Gesamtbetrage von 757 000 qkm, gelegentlich auch mit Geldunterstützungen gefördert. Die betreffenden Gesellschaften konnten daher auf die

Besiedelung des Landes sowie auf den Handel mit Grundstücken einen großen Einfluß ausüben.

Wegen des Drucks, den die Eisenbahngesellschaften auf andere Unternehmungen ausüben, ist neuerdings vielfach Klage erhoben worden. Auch die Zentralregierung beginnt einzugreifen. So hat sie sich beispielsweise entschlosssn, gegen zwei der größten Eisenbahngesellschaften: die New York Central und gegen die Pennsylvanier Rail Road Company gerichtlich vorzugehen, weil diese sich die vollständige Kontrolle über die Weichkohlenproduktion verschafft haben und die Preise für diese Art Kohle festsetzen. Der Bundesrat hat ferner beschlossen, eine Untersuchung des Systems vorzunehmen, mittels dessen die Eisenbahnen den ganzen Getreidehandel des Landes beherrschen. Dieses System besteht darin, daß die Bahnen an den Punkten, wo große Massen von Getreide zur Verladung kommen, sich mit den Besitzern der Elevatoren oder Speicher vereinigen, um sowohl die Preise für das abgelieferte Getreide als auch die Frachtsätze festzusetzen. Der Farmer hängt also ganz von dieser Kombination ab, die ihm vorschreibt, zu welchen Preisen er sein Getreide verkaufen muß. Fügt er sich nicht, so wird es nicht befördert.

Über die technische Seite und die Betriebsart der Eisenbahnen drüben hört man die entgegengesetztesten Urteile und kann die verschiedensten Beobachtungen machen. Tatsächlich bestehen auch nach Gebiet und Gesellschaft sehr abweichende Zustände. Es gibt Linien, namentlich zwischen den Bevölkerungszentren, welche ausgezeichnet gebaut sind, über vorzügliches Betriebsmaterial verfügen, rasch und pünktlich fahren. Anderwärts herrscht das gerade Gegenteil davon, namentlich in entlegenen Landesteilen, wo es keinen Wettbewerb gibt und keine Anschlüsse erreicht zu werden brauchen. In zwei Dingen jedenfalls unterscheidet sich das amerikanische System von dem europäischen, insbesondere von dem Deutschen. Das eine betrifft die Flüchtigkeit und Vernachlässigung der Bahnhofsbauten: meist reine Schuppen, doch beginnt man neuerdings sorgfältiger und hübscher zu bauen. Das zweite ist die unleugbar bequeme Einrichtung der Personenwagen für weitere Reisen. Die großen. hohen, gut gelüfteten, stets mit Trinkwasser und anderen Annehmlichkeiten ausgestatteten Wagen sind entschieden unsern kasten- oder schachtelartigen Fahrzeugen vorzuziehen.

Einen großen Umfang hat das Straßenbahnwesen erreicht, wobei meistens der elektrische Betrieb herrscht. Im Jahre 1904 gab es 993 Unternehmungen mit einer Meilenlänge von 30 187 oder 48 300 km; davon sind 29 548 miles elektrisch betrieben. Es gibt 75 804 Straßenbahnwagen. Das Anlage-

10*

kapital beträgt 1762, die aufgenommene Schuld 1455 Mill. Doll. Zwischen den einzelnen Staaten besteht eine sehr große Verschiedenheit hinsichtlich der Meilenlänge der Straßenbahnen. Ohio hat deren 3439, Süddacota nur 4, Nevada 5, Norddacota 12, Oklahoma 22, Neu Mexiko 15, Arizona 22 miles. In der folgenden Tabelle stellen wir diejenigen Staaten zusammen, welche mehr als 1000 miles oder 1600 km besitzen. Es sind:

	miles		miles
Ohio	3439	Kalifornien	1668
Pennsylvanien	3319	Indiana	1360
New York	3229	Michigan	1203
Massachusetts	2731	New Jersey	1108
Illinois	2080		

Diese neun Staaten haben zusammen 20 037 miles oder zwei Drittel des Gesamtbetrages. Eine Spezialität des Straßenbahnverkehrs der Union war ursprünglich die Hochbahn, die zuerst in New York City angewendet, neuerdings auch in Berlin eingeführt worden ist. Im allgemeinen ist der Betrieb der Straßenbahnen sehr gut; man fährt häufig, rasch und billig. Ganz neuerdings hat man auch angefangen, das ursprünglich englische System der Tief- oder Untergrundbahnen in Anwendung zu bringen (New York Herbst 1904).

Wie die Eisenbahn, war auch der Telegraph von Hause aus Privatunternehmen, und ist es der Hauptsache nach auch geblieben. Seit der Einführung der Morseapparate im Jahre 1844 bildeten sich zahlreiche Gesellschaften, die aber nach und nach sämtlich in die Western Union Telegraph Company aufgegangen sind. Über die Entwickelung dieses Unternehmens gibt die folgende Tabelle Auskunft:

	1867	1887	1905
Länge der Linien km	74 032	250 902	320 358
Drahtlänge km	136 465	839 425	1895 291
Zahl der Bureaus	2 565	15 658	23 814
Zahl der Telegramme Mill.	5.88	47.39	67.48
Einnahme Mill. Doll.	6.57	17.19	29.03
Ausgabe	3.94	13.15	21.84
Gewinn	2.63	4.04	7.19

. Neben der großen Westlichen gibt es noch eine Postal Telegraph Cable Company und eine American Telephone and Telegraph Company. Die erstere verfügte im Jahre 1905 über 55 243 miles = 88 389 km Linien und 306 187 miles = 490 100 km Drahtlänge und besorgte auf 23 066 Ämtern annähernd 24 Mill. Telegramme. Die amerikanische Telephon- und Telegraph - Gesellschaft hat ein Drahtnetz von 4 671 038 miles und besorgte täglich mit einem Personal von 59 451 Angestellten über 11 Mill. Anschlüsse.

Im Gegensatz zum Telegraph ist die Post ein Staatsinstitut der Zentralverwaltung mit einem Postminister an der Spitze. Sie besitzt (1905) 68 131 Postämter (gegen 76 945 im Jahre 1901), 486 805 miles Postrouten mit 153 Mill. Doll. Einnahme. Die Zahl der beförderten Poststücke beläuft sich auf mehr als 16 Milliarden, hauptsächlich Briefe und Karten, weniger Pakete und Geldsendungen, erstere besorgen Expreßgesellschaften, letztere werden durch die Banken übermittelt.

Entfernungen zwischen New-York und den wichtigsten Städten in Eisenbahnstunden

(schnellste Beförderung)

nach	Eisen-bahnst.	nach	Eisen-bahnst.
Prenton NJ	2	Topeka Kans	48
Philadelphia Pa	2	Vicksburg Miss	50
Albany NY	3	Galveston Tex	56
Baltimore Md	4	Cheyenne Wy	56
Washington DC	5	Denver Col	60
Wilmington Del	5	Bismarck ND	61
Providence PhJ	6	Deadwood SD	66
Boston Mass	6	Salt Lake City Mt	72
Buffalo NY	8	Santa Fé NMex	82
Niagarafalls NY	9	Helena Mont	89
Concord NH	10	Prescott Ar	94
Richmond Va	10	Boisé City Id	94
Portland Me	12	Los Angeles Kal	108
Pittsburgh Pa	13	San Francisco Kal	108
Montreal Canada	13	Carson City Nev	109
Cincinnati O	19	Portland Or	115
Merdand O	20	Tacoma Wash	127
Columbus O	20	Mexiko City	168
Wilmington NC	20		Dampfer-tage
Charleston SC	21	Halifax NS	2
Indianopolis Ind	23	Havana Cuba	3
Chicago Ill	23	Liverpool	6
Atlanta Ga	24	Bremen	7
Detroit Mich	25	Hamburg	7
Savannah Ga	26	Panama	7
Jacksonville Flor.	26	Honolulu Hawaii	13
St. Louis Mo	27	Bahia Bras	21
Milwaukee Wisc	29	Yokohama Japan	20
Louisville Kont	30	Rio de Janeiro Bras	25
Montgomery Ala	31	Hongkong China	25
St. Paul Minn	37	Bombay Ind	27
Kansas City Mo	38	Buenos Aires Arg	29
Tampa Flor	38	Kapstadt Südafr	30
Des Moines Jova	38	Sydney Austr	31
Memphis Tenn	40	Valparaiso Chile	37
New-Orleans La	40	Batavia Java	41
Omaha Nebr	43	Bangkok Siam	43

Entfernungen zwischen den wichtigeren Städten ohne New York

von	nach	Eisen-bahnst.
Chicago III	Milwaukee Wisc	2
"	St. Louis Mo	8
"	Cincinnati O	8
"	Kansas City Mo	13
"	Omaha Nebr	13
"	St. Paul Minn	13
"	New Orleans La	26
St. Paul Minn	Duluth Minn	5
"	Winnipeg Canada	18
"	Tacoma Wash	60
"	Seattle Wash	66
"	Portland Or	71
St. Louis Mo		
"	Louisville Kont	10
"	New Orleans La	21
"	Denver Col	27
San Francisco La	Los Angeles Kal	15
"	Portland Or	36
"	New Orleans La	96
Philadelphia Pa	Baltimore Md	2
"	Pittsburg Pa	9
"	Buffalo NY	12
Boston Mass	Albany NY	6
"	Montreal Canada	10
Baltimore Md	Washington DC	1
"	Chicago III	27
Washington DC	Richmond Va	4
"	New Orleans La	32
Richmond Va	Charleston SC	10
"	Savannah Ga	15
Council Bluffs Jowa	San Francisco Kal	60
"	Portland Or	60
Kansas City Mo	Los Angeles Kal	55
"	San Francisco Kal	63
Denver Col	Salt Lake City Mt	26
Pittsburgh Pa	Chicago III	13
Buffalo NY	Chicago III	13
Duluth Minn	Sault Ste Marie Mich	16
Cincinnati O	New Orleans La	22
Savannah Ga	Atlanta Ga	11
Jacksonville Flor	New Orleans La	14

Gesamteinwanderung 1821-1905.: 23 105 153 100%.

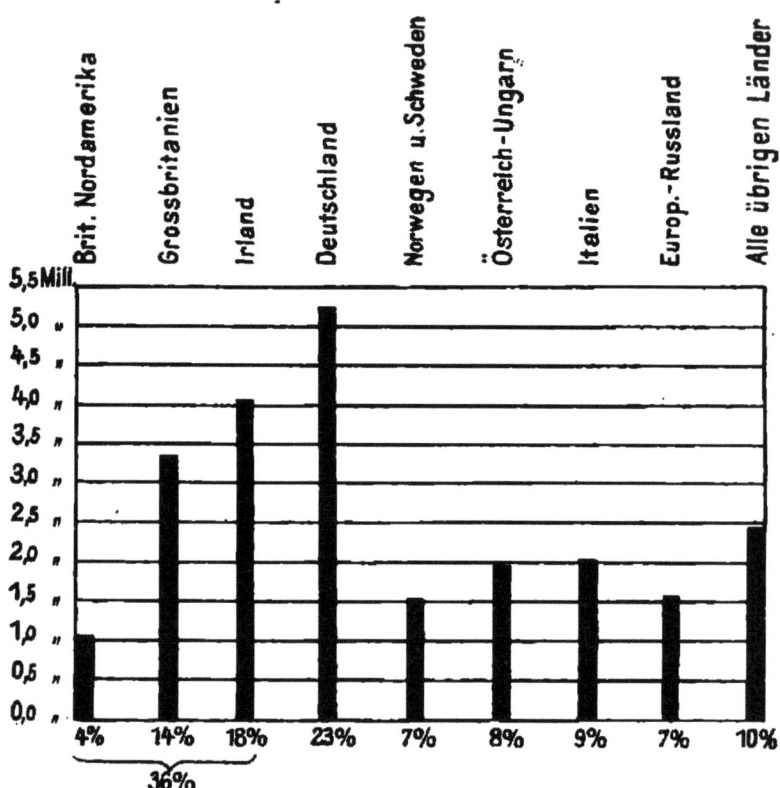

Text siehe Kapitel II, Seite 31.

Der Fortschritt in der Zahl der Farmen, der erwerbstätigen Personen, des Besitzwertes und des Ertragswertes.

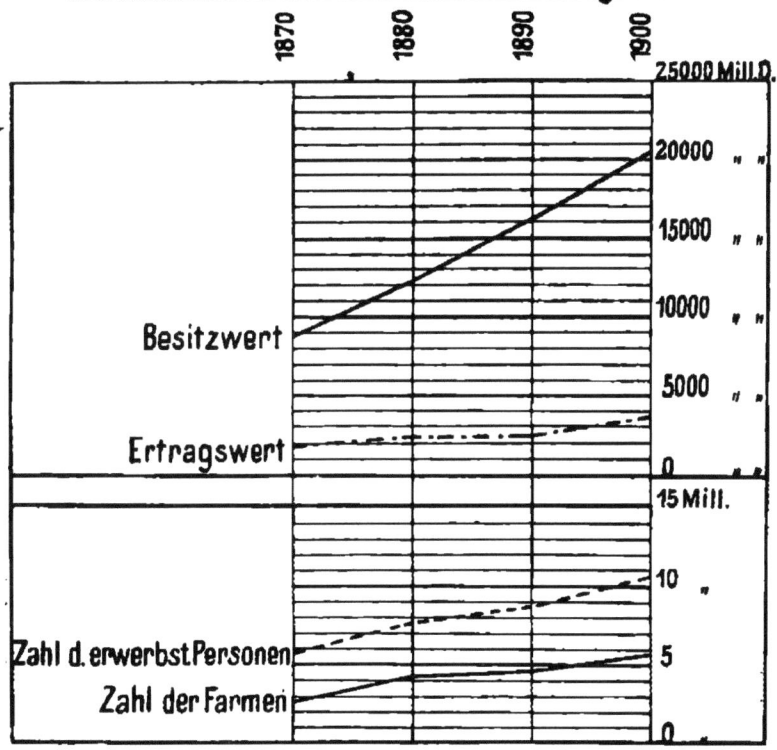

Text siehe Kapitel V, Seite 82.

153

Geldwert der Industrieerzeugnisse.

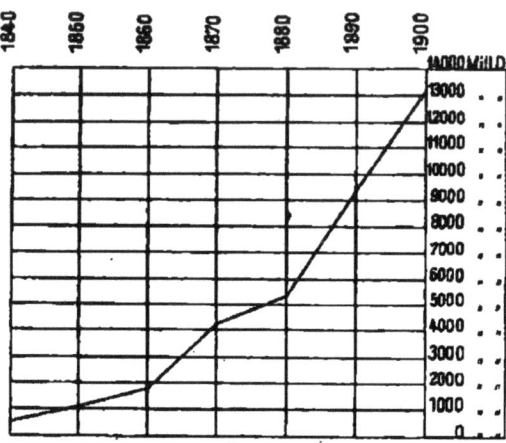

Text siehe Kapitel VII, Seite 109.

Der Fortschritt des landwirtschaftlichen Grundbesitzes.

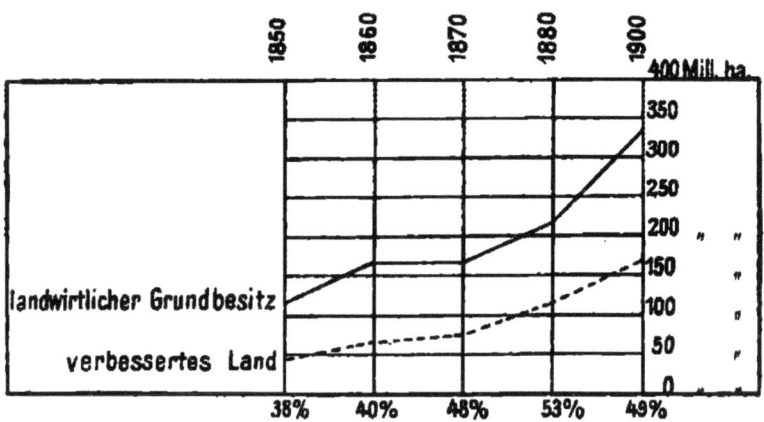

Text siehe Kapitel V, Seite 83.

Gesamtausfuhr eigener Erzeugnisse.

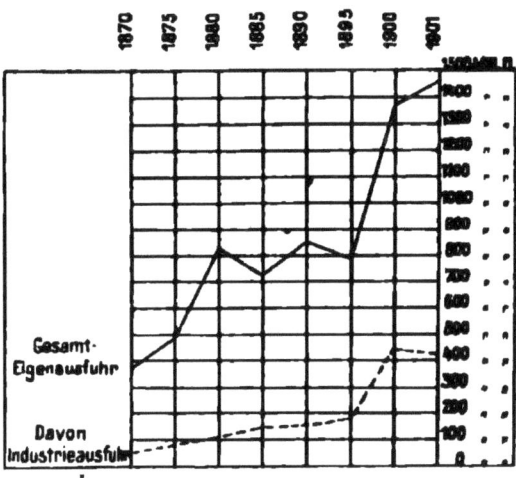

Text siehe Kapitel VII, Seite 123.

Gesamtwert des Aussenhandels.

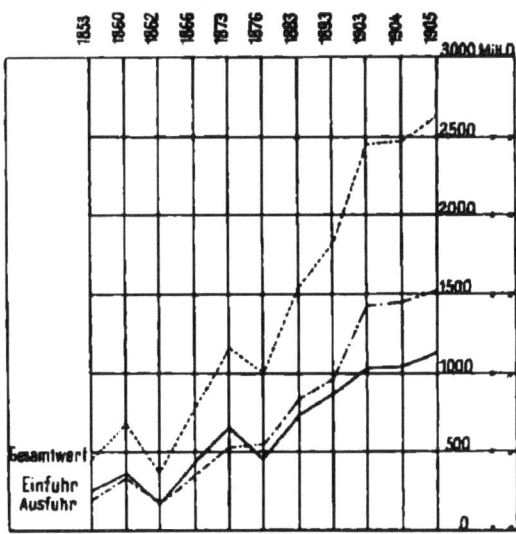

Text siehe Kapitel VIII, Seite 124.

Entwicklung der Ausfuhr der verschiedenen Wirtschaftszweige nach %

Text siehe Kapitel VIII, Seite 125.

Verhältnis von Ausfuhr und Einfuhr nach Erdteilen.

Europa. Nord-Amerika. Süd-Amerika. Asien. Oceanien. (Australien) Afrika.

Ausfuhr	Einfuhr
Ausfuhr	Einfuhr
Ausfuhr	Einfuhr
Ausfuhr	Einfuhr
Ausfuhr	Einfuhr
Ausfuhr	Einfuhr

Text siehe Kapitel VIII, Seite 126.

Die wichtigsten Aussenhandelsplätze nach Gesamthandel, Einfuhr und Ausfuhr

| New-York | New Orleans | Boston | Philadelphia | Baltimore | San Francisco |

1856 / 1905 — 1856 / 1905 — 1856 / 1905 — 1856 / 1905 — 1856 / 1905 — 1856 / 1905

Gesamthandel — Einfuhr — Ausfuhr

1100 · 1000 · 900 · 800 · 700 · 600 · 500 · 400 · 300 · 200 · 100

Text siehe Kapitel VIII, Seite 132/3.

157